HÄ?

Die Ein-Wort-Rückfrage-Methode

Verstehen statt Verkaufen -
so geht Kundenorientierung heute

HÄ?

Die Ein-Wort-Rückfrage-Methode

Verstehen statt Verkaufen -
so geht Kundenorientierung heute

*Für Corin

Herzlich!

Bernhard*

WERDVERLAG.CH

IMPRESSUM
Alle Angaben in diesem Buch wurden von dem Autor nach bestem Wissen und Gewissen erstellt und von ihm und dem Verlag mit Sorgfalt geprüft. Inhaltliche Fehler sind dennoch nicht auszuschliessen. Daher erfolgen alle Angaben ohne Gewähr. Weder Autor noch Verlag übernehmen Verantwortung für etwaige Unstimmigkeiten.

2. Auflage 2021
Alle Rechte vorbehalten, einschliesslich derjenigen des auszugsweisen Abdrucks und der elektronischen Wiedergabe.
© 2021 Werd & Weber Verlag AG, Gwattstrasse 144, 3645 Thun / Gwatt

Werd & Weber Verlag AG
Gestaltung Cover Bernhard Grimm / Werd & Weber Verlag AG
Gestaltung Inhalt und Satz Bernhard Grimm
Lektorat Carmen Sonderegger
Korrektorat Anja Rüdin

ISBN 978-3-03922-109-7

www.werdverlag.ch
www.weberverlag.ch
Der Verlag Werd & Weber wird vom Bundesamt für Kultur mit einem Strukturbeitrag für die Jahre 2016 – 2020 unterstützt.

Für Sandra.
Meine ewig geliebte Sparring-Partnerin.

INHALT

Seite

1 Nur ein Wort?   17

1.1	Die Versuchung	17
1.2	Wie Sie dieses Buch lesen	18
1.3	Ein ganzes Buch?	19
1.4	Grimms Märchen?	19
1.5	Der Liebling aller. Trotzdem.	20
1.6	Gleich ist es soweit	20
1.7	Von Sendern und Empfängern	21
1.8	Menschen zeichnen Bilder	22
1.9	Das Vor-Bild oder Vor-Urteile sind alltäglich	22
1.10	Willkommen im Leben	24
1.11	Jetzt? Jetzt!	28
1.12	Ein kleiner Vorgeschmack	29
1.13	Nur ein Wort?	30
1.14	Probieren geht über Studieren	31

2 Eine Analyse   32

2.1	Um was geht es wirklich?	32
2.2	Die Sicht des Kunden	35
2.3	Unsere Interpretation	38
2.4	Mögliche Reaktionen und Antworten	40
2.5	Knapp daneben ist auch vorbei	42
2.6	Wir reden Dialekt. Drum.	44
2.7	Pure Magie!	46
2.8	Achtung Falle!	48

2.9	Reine Psychologie	49
2.10	Zweifel? Sehr gut!	53
2.11	Das richtige Timing	55
2.12	Gelegenheiten satt	55
2.13	Keine Regel ohne Ausnahme	55
2.14	Das perfekte Paar	57
2.15	In medias res	60
2.16	Üben, üben, üben	65

3 Die Motive des Kunden 67
und wie die Ein-Wort-Rückfrage-Methode uns hilft, diese zu erfahren

3.1	Warum wir uns bewegen	67
3.2	Motiv oder Bedürfnis?	68
3.3	Wann wir uns bewegen	68
3.4	«Weg von» oder «hin zu»	70
3.5	Die Instruktionen der Natur	72
3.6	Die fünf Kernmotive	72
3.7	Wie die Ein-Wort-Rückfrage-Methode uns hier zusätzlich unterstützt	73

4 Die Nutzen, die der Kunde sucht 76
und wie die Ein-Wort-Rückfrage-Methode uns hilft, diese zu erkennen

4.1	Das Nutzen-Denken	76
4.2	Was habe ich davon?	78
4.3	Die Gedanken des Kunden	79
4.4	Nutzen, Nutzen, Nutzen – immer?	81
4.5	Der Preis-Leistungs-Irrtum	81

4.6	Lacoste, Champagner & Gorgonzola	84
4.7	Das liebe Geld!	85
4.8	Das Phänomen der Wertschätzung	86
4.9	Wie die Ein-Wort-Rückfrage-Methode uns hier zusätzlich unterstützt	87

5 Die Emotionen des Kunden — 88
und wie die Ein-Wort-Rückfrage-Methode uns hilft, diese zu wecken

5.1	Nur zwei Dinge	88
5.2	Es braucht immer beides	90
5.3	35 000 Entscheide	92
5.4	Interpretation	93
5.5	Menschen kaufen positive Emotionen	95
5.6	Nutzen richtig kommunizieren	96
5.6.1	Angebot dynamisch präsentieren	99
5.6.2	Sie haben die Wahl	100
5.6.3	Der Traktor-Mäher	101
5.7	Die kognitive Dissonanz	102
5.8	Hören Sie auf Ihr Gefühl	103
5.9	Ratio versus Emotio?	104
5.10	Neuste Erkenntnisse schaffen Klarheit	105
5.11	Die Kunst der Entscheidungsfindung	107
5.12	Warum Kunden Firmen verlassen	108
5.13	Wie die Ein-Wort-Rückfrage-Methode uns hier zusätzlich unterstützt	111

6 Wie Kunden sprechen 115
und wie die Ein-Wort-Rückfrage-Methode uns hilft, sie zu verstehen

6.1	Keine Ahnung!	115
6.2	Vom Ereignis zum Erlebnis	116
6.3	Von der Bewertung zur Beobachtung	117
6.4	Der Flugzeug-Modus	118
6.5	Die zwei Bilder	119
6.6	Intrinsische und extrinsische Beeinflusser	121
6.7	Schweizer Maler	122
6.8	Die Krux mit der Codierung	123
6.9	C'est le ton qui fait la musique	124
6.10	Wie die Ein-Wort-Rückfrage-Methode uns hier zusätzlich unterstützt	126

7 Wie wir zuhören 129
und wie die Ein-Wort-Rückfrage-Methode uns hilft, noch bessere Zuhörer zu werden

7.1	Von der Wahrnehmung zur Wahrheit	129
7.2	Wir filtern. Immer.	131
7.3	Filter sind wertvoll	131
7.4	Die vier Filtersysteme	132
7.4.1	Der Sach-Filter oder das Sach-Ohr	133
7.4.2	Der Selbstoffenbarungs-Filter oder das Selbstoffenbarungs-Ohr	133
7.4.3	Der Beziehungs-Filter oder das Beziehungs-Ohr	133
7.4.4	Der Appell-Filter oder das Appell-Ohr	134
7.5	Dominante Filter	135
7.5.1	Dominanter Sach-Filter	137

7.5.2	Dominanter Selbstoffenbarungs-Filter	138
7.5.3	Dominanter Beziehungs-Filter	139
7.5.4	Dominanter Appell-Filter	140
7.6	Der Beziehungs-Filter oder wenn der Limoncello alle ist	141
7.7	Wie die Ein-Wort-Rückfrage-Methode uns hier zusätzlich unterstützt	144

8 Die egozentrierte Kommunikation   146
und wie die Ein-Wort-Rückfrage-Methode uns hilft, diese zu vermeiden

8.1	Die Kommunikation des Alltags	146
8.2	Egozentriert zuhören	148
8.3	Wie die Ein-Wort-Rückfrage-Methode uns hier zusätzlich unterstützt	149

9 Die kundenzentrierte Kommunikation   151
und wie die Ein-Wort-Rückfrage-Methode uns hilft, diese zu kultivieren

9.1	Der Kunde im Zentrum	151
9.2	Wie kundenzentriert ist kundenzentriert wirklich?	152
9.3	Was der Selbstoffenbarungs-Filter genau bewirkt	152
9.4	Der erste Schritt	155
9.5	Halten Sie die Stellung	156
9.6	Fischen im Trüben	158
9.7	Vertikale Fragen	160
9.8	Wie die Ein-Wort-Rückfrage-Methode uns hier zusätzlich unterstützt	162

10. Trigger-Worte — 163
und wie die Ein-Wort-Rückfrage-Methode uns hilft, diese zu nutzen

10.1	Allgemeine Trigger	163
10.2	Verbale Trigger	163
10.3	Den Spiess umdrehen	164
10.4	Verbale Steilpässe	165
10.5	Verbale Weichmacher	165
10.6	Wie die Ein-Wort-Rückfrage-Methode uns hier zusätzlich unterstützt	167

11 Konfliktsituationen — 168
und wie die Ein-Wort-Rückfrage-Methode uns hilft, diese zu meistern

11.1	Klären	169
11.2	Verständnis	173
11.3	Argumente anbieten	174
11.4	Abschliessen	176
11.5	Wie die Ein-Wort-Rückfrage-Methode uns hier zusätzlich unterstützt	177

12 Die Autonomie des Kunden — 178
und wie die Ein-Wort-Rückfrage-Methode uns hilft, diese zu respektieren

12.1	Die Basis	178
12.2	Der Alltag	179
12.3	Wie die Ein-Wort-Rückfrage-Methode uns hier zusätzlich unterstützt.	182

13 Erfolgsstories als Trainingseinheiten — 185
und wie die Ein-Wort-Rückfrage-Methode uns hilft,
noch sicherer und souveräner zu kommunizieren

13.1 «Sehr anspruchsvoll» oder Herz, was willst du mehr — 185
13.2 «Holzboden» oder 1001 verpasste Chance — 190
13.3 Lust auf eine Analyse? — 193

14 Nutzen, Nutzen, Nutzen — 204

14.1 Ihre Nutzen in der Geschäftswelt — 204
14.2 Vorteile und Nutzen in der Beziehung — 208

15 Literaturverzeichnis — 210

Alles klar?

Das, was uns alle miteinander verbindet; das, was den Menschen auszeichnet und ihm erlaubt, Absichten, Gedanken, Gefühle und Stimmungen zu vermitteln, und sich dadurch sozial auszutauschen, ist Kommunikation. Neben den rein physischen Grundbedürfnissen wie Hunger und Durst, ist es die soziale Interaktion, die wir für ein harmonisches und glückvolles Leben brauchen.

Nichts ist daher ärgerlicher und unnötiger, als ein Missverständnis, das hätte vermieden werden können. Doch wie entstehen Missverständnisse? Der Gründe gibt es viele. Die klare Nummer 1 ist und bleibt: mangelnde, respektive schlechte Kommunikation. Doch ab wann ist eine Kommunikation mangelhaft oder schlecht? Und gibt es eine Möglichkeit, all die kleinen Störungen, die wir unbewusst produzieren und die sich unbemerkt in einen Dialog einschleichen, zu vermeiden?

Diesen und vielen anderen Fragen rund um die zwischenmenschliche Kommunikation geht dieses Buch nach. Und es offeriert Ihnen gleichzeitig einen Lösungsansatz, der derart banal ist, Ihnen derart viele Vorteile liefert und gleichzeitig auch derart einfach umsetzbar ist, dass vielleicht auch Sie – so wie die vielen Teilnehmenden meiner Seminare und Vorträge – im ersten Moment sogar daran zweifeln werden. Doch die Erfahrung zeigt, dass es oft nur eine Frage von zwei, drei Anwendungen ist, um das enorme Potenzial der Ein-Wort-Rückfrage-Methode zu erkennen, um fortan davon profitieren zu können. Lassen Sie sich überraschen.
Schlussendlich verfolgt die Ein-Wort-Rückfrage-Methode ein grosses

Ziel: Klärung! Wenn wir klären statt interpretieren, schaffen wir Platz für Verständnis. Wenn wir klären, statt Annahmen zu treffen, geben wir Raum für einen Dialog. Wenn wir klären, statt zu argumentieren, respektieren wir Menschen in ihrem Tun und in ihrem Sein. Wenn wir klären, statt vorschnell einen Gegenangriff zu starten oder uns zu verteidigen, vermeiden wir Konflikte. Das sind nur ein paar wenige Vorteile, die ich Ihnen mit diesem Buch mitgeben möchte.

Noch etwas:
Sie werden rasch erkennen, dass sich die ein-Wort-Rückfrage-Methode hervorragend auch im privaten Umfeld anwenden lässt. Sie werden staunen!

Kann es sein, dass Sie sich schon Gedanken darüber gemacht haben, ob die Ein-Wort-Rückfrage-Methode wohl tatsächlich dem Titel dieses Buches entspricht?

Nun, die Richtung ist so falsch nicht …

Herzlich

1 Nur ein Wort?

Die zwischenmenschliche Kommunikation beschreibt in der Regel eine Interaktion zwischen zwei oder mehreren Personen, in der Informationen ausgetauscht werden. Dafür werden Worte gebraucht, die es uns ermöglichen, unsere Erwartungen, Hoffnungen und Wünsche mitzuteilen und auszutauschen. Wie hilfreich kann da schon eine Methode sein, die aus nur einem Wort besteht?

1.1 Die Versuchung

Wie sagte doch Oscar Wilde so treffend: «Ich kann allem widerstehen, nur der Versuchung nicht!» Es besteht also durchaus die Versuchung, dass Sie – nachdem Sie die ersten beiden Kapitel gelesen haben – die restlichen Tipps und Tricks zur zwischenmenschlichen Kommunikation und damit auch die ergänzenden Informationen rund um die Ein-Wort-Rückfrage-Methode gar nicht mehr lesen werden wollen.

Dessen bin ich mir durchaus bewusst, werden wir doch allein mit diesen zwei ersten Kapiteln einen soliden Grundstein für eine harmonischere und entspanntere Kommunikation legen können. Immer davon ausgehend, Sie würden die darin enthaltenen Hinweise auch konsequent umsetzen.

In der Theorie könnte dieses Wissen reichen. In der Praxis zeigt sich jedoch, dass wir Tipps und Tricks, Ratschläge und Hinweise viel schneller und effektiver umsetzen, wenn wir wissen, *warum* diese uns helfen können, und welche Nutzen wir dadurch für uns persönlich gewinnen.

Aus diesem Grund finden Sie auch in Kapitel 13 eine Übersicht über die Nutzen, die Ihnen die Ein-Wort-Rückfrage-Methode bringt.

So hoffe ich, dass es mir gelingt, Sie auch für die weiteren Kapitel gewinnen zu können, die Ihnen als wertvoller Ratgeber in der Anwendung der Ein-Wort-Rückfrage-Methode sowie als Wissensquelle rund um die zwischenmenschliche Kommunikation dienen sollen. Lassen Sie uns fortfahren, um nun Schritt für Schritt in das Geheimnis der Ein-Wort-Rückfrage-Methode einzutauchen.

1.2 Wie Sie dieses Buch lesen

Die auf Kapitel 1 und 2 folgenden Kapitel sind darauf ausgerichtet, die psychologischen, neurologischen und kommunikativen Gründe für die Wirkungsweise und die Vorteile der Ein-Wort-Rückfrage-Methode darzulegen und zu erläutern. Sie nehmen also immer direkt Bezug zur Ein-Wort-Rückfrage-Methode. Ferner enthalten sie allgemeine Hinweise, die ein kundenzentriertes Verhalten fördern und unterstützen.

Wann immer sinnvoll, finden Sie Wegweiser zu jenen Themen, die in direktem Zusammenhang mit dem gerade Gelesenen stehen.

 Sie sind dementsprechend mit einer kleinen Lupe gekennzeichnet.

Dabei können Sie entweder den besagten Abstecher machen oder einfach chronologisch weiterlesen. Beide Wege führen zum Ziel.

Am Ende eines jeden Kapitels finden Sie zudem zusammenfassende Informationen darüber, wie Ihnen die Ein-Wort-Rückfrage-Methode in den beschriebenen Situationen zusätzlich helfen kann.

1.3 Ein ganzes Buch?

Lässt sich über eine einzige Frage, die zudem in den meisten Fällen tatsächlich nur aus einem Wort besteht, ein ganzes Buch schreiben? Nun, Sie halten die Antwort darauf gerade in Ihren Händen. Wenn ich darüber nachdenke und mir die Trainingsinhalte vor Augen führe, die ich mit den Teilnehmenden aus verschiedensten Branchen jeweils behandle und dabei miterleben darf, wie sie in praktisch jeder Gesprächssituation von dieser Methode profitieren können, dann war es für dieses Buch höchste Zeit.

1.4 Grimms Märchen?

Ich wurde und werde immer wieder gefragt, ob diese Ein-Wort-Rückfrage-Methode ein «echtes Grimm-Märchen» sei, ob also ich sie «erfunden» oder «ausgedacht» hätte. Nun, der Vergleich zu den Märchen ist tatsächlich treffend und sicher auch schmeichelnd. Nicht nur vom Namen her. Denn die Gebrüder Jakob und Wilhelm Grimm schrieben zwar auch einige Märchen, doch den grössten Teil haben sie über viele Jahre zusammengetragen. Daneben nannten sie sich Sprachwissenschaftler und haben sich daran gemacht, das erste Deutsche Wörterbuch zu verfassen.

In diesem Sinn habe ich besagte Ein-Wort-Rückfrage-Methode also nicht «erfunden», denn viele wenden diese Methode ganz natürlich unbewusst an. Ihre spezielle Art hat jedoch schon vor Jahren meine Aufmerksamkeit geweckt. In der Folge habe ich ihre Wirkungsweise und ihre Anwendungsbereiche intensiv und systematisch nach allen möglichen Gesichtspunkten der Kommunikation, der Psychologie sowie der Neurologie erforscht. Dazu gehörte auch, mögliche Schwachpunkte ausfindig zu machen. Ich habe dabei festgestellt, dass sich die Ein-Wort-Rückfrage-Methode tatsächlich beinahe universell anwenden lässt.

Eine kleine Einschränkung ist aber aus zwei Gründen notwendig: Erstens, da es ohnehin keine Technik oder Methode gibt, die immer funktioniert oder anwendbar ist. Zweitens wäre es doch etwas gar vermessen, eine Methode als unfehlbar oder eben universell einsetzbar zu benennen. Auf die knappe Handvoll Ausnahmen werde ich in der Folge wohlweislich ebenfalls eingehen. Alle mir bis dato bekannten Vorteile, alle Wirkungsweisen und Anwendungsmöglichkeiten sind zudem von unzähligen Seminarteilnehmenden auf Herz und Nieren getestet worden. Sie finden sie alle in diesem Buch.

1.5 Der Liebling aller. Trotzdem.

Unter den Teilnehmenden meiner Trainings und den Gästen meiner Vorträge zählt die Ein-Wort-Rückfrage-Methode seit Jahren zu den absoluten Lieblingen. Dies – so die Aussagen – vor allem aufgrund der Tatsache, dass sie absolut effektiv und dabei sehr einfach anzuwenden ist.

Was mich dabei jedoch nach wie vor am meisten freut, ist der Umstand, dass die Ein-Wort-Rückfrage-Methode auch oder gerade jenen hilft, die ihr mit einer durchaus nachvollziehbaren und auch gesunden Portion Skepsis begegnen.

1.6 Gleich ist es soweit

Ich werde tunlichst vermeiden, Sie allzu lange auf die Folter zu spannen. Um Ihnen jedoch den Zugang zu dieser unkonventionellen Fragemethode so einfach als möglich zu gestalten, braucht es ein paar Basisinformationen, die uns helfen, den Gesamtkontext zu erfassen, in dem diese Ein-Wort-Rückfrage-Methode zu betrachten ist; ein paar Fakten rund um unsere Art, Botschaften zu senden und zu empfangen und diese zu interpretieren. Dann geht es ans Eingemachte.

1.7 Von Sendern und Empfängern

Wenn Menschen sich begegnen, miteinander kommunizieren, interagieren oder sonst wie in Verbindung treten, senden sie Bilder. Auch dann, wenn sie glauben, keine Bilder zu senden. Wie hat es der bekannte österreichische Kommunikationsforscher Paul Watzlawick so präzise formuliert:

> *Man kann nicht nicht kommunizieren.*

Kurz: Wir kommunizieren auch dann, wenn wir glauben, nicht zu kommunizieren. In der zwischenmenschlichen Kommunikation ist alles enthalten, was wir sagen, tun und schreiben. Und es ist ebenfalls alles enthalten, was wir nicht sagen, nicht tun und nicht schreiben. So wirken wir auch dann, wenn wir etwas nicht tun oder eben etwas nicht sagen. Dinge, die wir nicht aussprechen, sprechen oft auch eine klare Sprache.

Umso wichtiger ist es, sich sowohl als Sender als auch als Empfänger an zwei einfache und dennoch eminent wertvolle Regeln in der zwischenmenschlichen Kommunikation zu halten:

- ✓ Als Sender ist es unsere Pflicht, sicherzustellen, dass das, was wir sagen, vom Empfänger auch so verstanden wird.

- ✓ Als Empfänger haben wir sicherzustellen, dass das, was wir gehört haben, dem entspricht, was der Sender gesagt hat.

An sich klar. Und würden wir uns tatsächlich konsequent an diese beiden Regeln halten, könnten wir Missverständnisse und Konflikte weitestgehend vermeiden. Die Realität sieht jedoch anders aus.

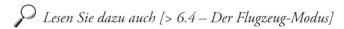 *Lesen Sie dazu auch [> 6.4 – Der Flugzeug-Modus]*

1.8 Menschen zeichnen Bilder

Im Gegensatz zu einem klassischen Bild, welches wir an eine Wand hängen und betrachten, nehmen wir die Bilder, die uns jemand sendet, ganz anders wahr. Bei einem gemalten, gezeichneten oder fotografierten Bild stehen uns alle Informationen auf einen Schlag zur Verfügung. Jedes noch so kleine Detail kann von Beginn an verwertet, beurteilt und gewichtet werden. Im Gegensatz dazu baut sich das Bild, das wir von einem Gesprächspartner erhalten, nur schrittweise auf: Buchstabe für Buchstabe, Wort für Wort, Satz für Satz. Auch wenn wir ihn sehen, haben wir noch längst nicht alle Informationen zur Verfügung. Der Mensch hat die Angewohnheit, Bilder so rasch als möglich zu komplettieren. Halbe Bilder mag er nicht. So braucht es also Geduld, jemandem bewusst zuzuhören, bis er seine Botschaft – und die damit verbundenen Bilder – formuliert und gesendet hat. Er baut seine Bilder auf.
Es braucht Geduld, darauf zu warten, bis auch die letzten Informationen eingetroffen sind, um sich ein komplettes Bild zu machen.

1.9 Das Vor-Bild oder Vor-Urteile sind alltäglich

Daher passiert es uns immer wieder, dass wir bereits nach den ersten gehörten Worten damit beginnen, uns vorzustellen, in welche Richtung sich das aktuell beschriebene Bild entwickelt. Das mag ja durch-

1. Nur ein Wort

aus verdienstvoll sein, wollen wir doch möglichst rasch ermitteln, was der Kunde will.

Die Haltung, «Ich weiss mittlerweile aus Erfahrung sehr wohl, was der Kunde will, wenn er dies oder das sagt», ist bei vielen arrivierten Verkäufern sehr verbreitet. Sie ist – mit Verlaub – tödlich. Nur weil ich zu wissen glaube, was jemand in der Regel will, wenn er dies oder das sagt, heisst noch lange nicht, dass es auch bei diesem Kunden so sein wird. Denn:

> *Nur weil jemand etwas sagt, heisst das noch lange nicht, dass er es auch so meint.*

Lesen Sie dazu auch [> 6.4 – Der Flugzeug-Modus]

In der Regel führt diese Art des Zuhörens dazu, dass wir uns ein eigenes Bild schaffen, noch bevor unser Gesprächspartner sein Bild fertig gezeichnet, sprich vollumfänglich kommuniziert hat. In einem solchen Fall haben wir uns also ein Vor-Bild geschaffen, oder anders ausgedrückt: ein Vor-Urteil.

Immer dann, wenn wir nicht genügend Informationen erhalten, ergänzen wir diese mit eigenen Erfahrungswerten, Vorstellungen, Ideen. Das machen wir aber eben auch bei Bildern, die uns auf den ersten Blick als nicht komplett erscheinen. Denn auch diese lassen noch genügend Interpretationsspielraum. Auch wenn wir das so nicht bewusst wahrnehmen. Da wir bei der Interpretation des Gesagten immer auf unseren eigenen, persönlichen Erfahrungsschatz zurückgreifen, wird diese Art der Kommunikation auch egozentrierte Kommunikation genannt.

Lesen Sie dazu auch [> Kapitel 8 – Die Egozentrierte Kommunikation]

Das Ganze wird unterstützt durch die Erkenntnis, dass die ersten Bilder, die jemand sendet, selten präzise jenen Bildern entsprechen, die diese Person tatsächlich schicken wollte. Nur weil jemand also etwas auf die eine oder andere Weise sagt oder betont, muss das noch lange nicht bedeuten, dass er es auch wirklich so sagen wollte.

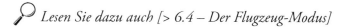 *Lesen Sie dazu auch [> 6.4 – Der Flugzeug-Modus]*

Für beide Fälle gibt es eine simple Lösung, schnell Klarheit zu schaffen: Die Ein-Wort-Rückfrage-Methode.

1.10 Willkommen im Leben

Nachfolgend für Sie ein paar alltägliche Fragen und Bemerkungen aus dem privaten und beruflichen Umfeld. Äusserungen, wie wir sie Tag für Tag wahrnehmen und je nach Befinden, in der einen oder anderen Art darauf reagieren. Keine Frechheiten, keinerlei Anfeindungen, keine Angriffe. Bemerkungen, auf die Sie bitte spontan – wenn auch nur gedanklich – antworten.
Achten Sie dabei bitte auch auf Ihre Empfindungen. Wie nehmen Sie die Fragen und Äusserungen wahr? Welche Emotionen lösen sie bei Ihnen aus? Wie fühlen Sie sich dabei?

Fragen und Bemerkungen aus dem beruflichen Umfeld, zum Beispiel direkt von einem Kunden oder Ihrem Vorgesetzten an Sie gerichtet:

Kunde: «Ihre Offerte ist zu teuer!»
Kunde: «Sind Sie überhaupt kompetent?»
Kunde: «Nein danke, es hat sich erledigt. Wir brauchen nichts.»
Chef: «Hätte man das nicht auch anders machen können?»
Chef: «Haben Sie sich gut auf den Kundentermin vorbereitet?»

1. Nur ein Wort

Chef:	«Wann werden Sie mit Ihrer Arbeit fertig sein?»
Kunde:	«Warum dauert das eine Woche?»
Kunde:	«Welchen Rabatt können Sie mir geben?»
Kunde:	«Ist das alles, was Sie haben?»
Kunde:	«Sie sind nie erreichbar!»

Fragen und Bemerkungen aus dem privaten Umfeld, zum Beispiel direkt vom Partner / von der Partnerin an Sie gerichtet:

Partner/in:	«Wieso hast du das noch nicht erledigt?»
Partner/in:	«Das schmeckt komisch. Wie hast du das gewürzt?»
Partner/in:	«Du arbeitest einfach zu viel!»
Partner/in:	«Hast du gesehen, der Rasen steht auch schon wieder hoch.»
Partner/in:	«Findest du das wirklich in Ordnung?»
Partner/in:	«Du hörst mir nicht zu!»
Partner/in:	«Es ist doch immer dasselbe!»

Kann es sein, dass Sie sich bei der einen oder anderen Bemerkung oder Frage leicht bis mittelschwer angegriffen fühlten? Wenn ja, dann haben Sie nicht nur wie die Mehrheit der Menschen reagiert, sondern haben sich zudem von einem absolut alltäglichen Phänomen in der zwischenmenschlichen Kommunikation beeinflussen lassen, welches sich Codieren und Decodieren nennt. Oder anders ausgedrückt: Willkommen im Leben!

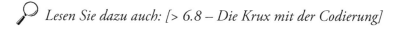 *Lesen Sie dazu auch: [> 6.8 – Die Krux mit der Codierung]*

Diese Codierung wird durch unser Unterbewusstsein gesteuert. Es filtert jede Botschaft und liefert uns in einem Bruchteil einer Sekunde eine Art Übersetzung der vom Sender übermittelten Botschaft.

Der deutsche Kommunikationsforscher Friedemann Schulz von Thun hat dieses stete Filtern als das «Vier-Ohren-Prinzip» beschrieben. Es klärt auf anschauliche Art und Weise, durch welche Filtersysteme wir Menschen Botschaften aussenden und empfangen. Sie finden dazu in diesem Buch entsprechende Hinweise und kurze Beschreibungen der vier Filtersysteme.

Lesen Sie dazu auch: [> Kapitel 7 – Wie wir zuhören]

Als wäre das nicht schon genug der Interpretation, gesellt sich noch ein weiteres Phänomen dazu: Die Tatsache nämlich, dass uns unser Unterbewusstsein logischerweise diese Übersetzung aus unserem ureigenen Referenzsystem anbietet. Jede unserer Interpretationen ist also eine absolut individuelle, aus unserem ureigenen Archiv zusammengetragene Kreation.

Das heisst, dass wir in einer ersten Interpretation einem Wort, das wir hören, immer zuerst jenen emotionalen Wert und / oder Inhalt zuordnen, den wir für dieses Wort reserviert haben und nicht jenen Wert, den der Gesprächspartner dem Wort zuordnet. Entsprechend individuell wird auch unsere Reaktion in Form einer Antwort oder einer Aktion ausfallen. Daher gilt:

> *Die Art und Weise unserer Wahrnehmung beeinflusst die Art und Weise unserer Antwort.*

Diese Art der Kommunikation nennt sich egozentriert. Ego (lat. das Selbst) ist hier nicht negativ zu verstehen im Sinne von Egoismus, sondern beschreibt einzig die Tatsache, dass eben alle für diese Art der Kommunikation zur Verfügung stehenden Reize, Inhalte und

1. Nur ein Wort

Empfindungen immer aus unserem ureigenen Archiv abgerufen werden.

🔍 *Lesen Sie dazu auch: [> Kapitel 8 – Die Egozentrierte Kommunikation]*

Unsere Antworten werden dabei also durch unser Unterbewusstsein gesteuert, das uns damit vorgibt, wie eine Bemerkung oder Frage auf uns wirken soll und wie wir diese zu interpretieren und zu empfinden haben.

Kurz: Jede Botschaft wird von unserem Unterbewusstsein gefiltert und übersetzt oder eben decodiert. Aus diesem Grund hat auch folgende Erkenntnis nach wie vor Gültigkeit:

> *Die Botschaft wird beim Empfänger gemacht.*

Natürlich spielen auch Wortwahl, Betonung und Mimik des Senders für die Interpretation einer Botschaft eine wichtige Rolle. Dennoch haben wir immer die letzte Entscheidungsgewalt darüber, wie wir etwas empfinden wollen.

Diese These stellt einen enormen Vorteil dar und Sie werden in diesem Buch mehrfach erfahren, wie Sie diesen in jeder nur erdenklichen Gesprächssituation nutzen können.

Das gelingt jedoch nur dann, wenn wir nicht den kapitalen Fehler begehen, vorschnell auf die Decodierung / Übersetzung unseres Unterbewusstseins zu reagieren, sondern bewusst klären, was der Sender tatsächlich damit ausdrücken wollte.

Es geht also darum, diesen ersten Impuls, diese erste Reaktion auf eine Interpretation unseres Unterbewusstseins so gut als möglich zu unterdrücken.

Doch das ist leichter gesagt als getan. Denn unsere Emotionen sind immer schneller als unser Verstand. Zudem lassen sich Emotionen – wenn überhaupt – nur sehr schwer kontrollieren. Kommt dazu, dass die Übersetzung einer Botschaft weniger als eine Tausendstelsekunde dauert!

1.11 Jetzt? Jetzt!

Und genau hier, wie auch bei sämtlichen anderen, möglichen Fragen, Bemerkungen und Meinungen Ihres Gesprächspartners, hilft Ihnen die Ein-Wort-Rückfrage-Methode, um zu klären, was der Sender wirklich beabsichtigt hat. Und zwar innert Sekunden! Und das auf eine Art und Weise, die Sie – wie bereits erwähnt – auf den ersten Blick kaum glauben werden. Und so gehts:

Schritt 1: Wählen Sie jenes Wort aus der Botschaft des Senders aus, welches Sie als das entscheidende Wort erachten.

Schritt 2: Wiederholen Sie nun rasch selber nur dieses Wort.

Schritt 3: Setzen Sie noch ein Fragezeichen dahinter.

Das ist alles.

1.12 Ein kleiner Vorgeschmack

Gehen wir doch gleich gemeinsam die ersten drei Äusserungen / Fragen von Seite 24 gemeinsam durch. Visualisieren Sie sich entsprechende Situation noch einmal: Sie sitzen mit einem potenziellen Kunden in seinem Büro und er sagt zu Ihnen:

Kunde: «Ihre Offerte ist zu teuer!»
Ihre Antwort: «Zu teuer?»

Kunde: «Sind Sie überhaupt kompetent?»
Ihre Antwort: «Kompetent?»

Kunde: «Nein danke. Wir brauchen nichts.»
Ihre Antwort: «Nichts?»

Wenn Sie nun gerade so Ihre Zweifel haben und sich überlegen, ob das mit dieser Ein-Wort-Rückfrage-Methode wirklich funktionieren kann, dann würde ich Sie jetzt in einem Gespräch direkt fragen: «Funktionieren?», und Sie würden mit sehr hoher Wahrscheinlichkeit spontan antworten mit: «Ja, weil…», nur, um mir nun präzise zu erläutern, was für Sie allenfalls unklar, fragwürdig, anspruchsvoll, überraschend, nicht ganz nachvollziehbar, schwierig in der Umsetzung, verblüffend, zu banal, um zu funktionieren, kaum für Sie geeignet, usw., sein könnte – Sie würden mir Ihr Motiv erklären.

Sehen Sie – um genau das gehts: Der Kunde erklärt uns immer seine Motive und Beweggründe, wenn wir ihn dazu einladen.
Und mit der Ein-Wort-Rückfrage-Methode laden Sie jeden Menschen ein, Ihnen mehr über das, was er gerade gesagt hat, zu erzählen.
In der Folge finden Sie in diesem Buch zahlreiche Anwendungsbeispiele, Situationen und Momente, in denen Sie die Ein-Wort-Rück-

frage-Methode einsetzen können. Gleichzeitig erfahren Sie Genaueres über den psychologischen Effekt und zahlreiche weitere praktische Nebeneffekte. Sie erfahren alles über die daraus zu erwartenden Verhalten Ihres Gesprächspartners, die Wirkung auf Ihren persönlichen Zustand und vieles mehr.

Auch werden Sie erkennen, welche Vorteile Ihnen diese Methode bezüglich Gesprächsverlauf und -inhalt sowie Gesprächsqualität und -zeit bringt.

Die Ein-Wort-Rückfrage-Methode wird Ihnen natürlich nicht nur bei Äusserungen und Fragen, wie vorgängig aufgelistet, helfen, innert weniger Augenblicke mehr Klarheit zu schaffen als bei jedem anderen Vorgehen. Sie ist auch äusserst effektiv bei absolut belanglosen, an sich völlig neutral gesendeten Botschaften. Dazu bald mehr.

Immer dann, wenn angezeigt, erhalten Sie einen entsprechenden Hinweis auf einen relevanten Sachverhalt, der das soeben Gelesene unterstreicht, begründet oder auch herleitet.

 Lesen Sie dazu auch: [> Kapitel 13 – Nutzen, Nutzen, Nutzen]

1.13 Nur ein Wort?

Sie werden sehen, dass diese Methode auch mit mehr als einem Wort hervorragend funktioniert. Sie werden Beispiele vorfinden, in denen zwei oder maximal drei Worte wiederholt werden. Oft werden Sie sogar Gelegenheit haben, zwischen dem einen oder anderen Wort, welches Ihr Gesprächspartner formuliert hat, zu wählen.

Nicht, dass Sie nun ganze Sätze wiederholen müssen; doch manchmal ist es sinnvoll, noch das eine oder andere Wort hinzuzunehmen, damit Sie Ihrer Rückfrage zusätzliche Klarheit oder Gewichtung mitgeben können, wie Sie gleich sehen werden.

Obwohl in den meisten Fällen ein Wort völlig reicht, gibt es Situationen, in denen es sinnvoll sein wird, mehr als ein Wort zu verwenden. Gerade bei Verben kann es auch angezeigt sein, dass sie nicht die konjugierte Form übernehmen, sondern bei Ihrer Rückfrage das Verb in der Grundform wiederholen. Auch dazu später mehr.

1.14 Probieren geht über Studieren

Na dann! Gehen wir dieses Mal nur die allererste der vorab festgehaltenen Äusserungen gemeinsam durch. Dabei werden Sie gleich weitere Erfahrungen in der Anwendung der Methode sammeln können und erkennen, welchen oft alles entscheidenden, psychologischen Einfluss Sie dabei auf Ihren Gesprächspartner ausüben können.

Diese erstgenannte Bemerkung werden wir sehr detailliert analysieren. So zum Beispiel die verschiedenen Facetten der Bemerkung in Bezug auf mögliche Absichten des Senders, unsere Interpretationsmöglichkeiten und die damit verbundenen Emotionen, die entsprechende Wirkung auf unser Befinden, unsere spontanen und möglichen Antworten und deren verschiedene Wirkungsweisen auf unseren Gesprächspartner. Dazu auch die wahrscheinlichsten Verhaltensweisen beider und die Folgen für den Gesprächsverlauf.

Eine solche Analyse liesse sich in der Folge bei jeder Frage / Äusserung vornehmen, was aber den Rahmen sicher sprengen würde. Und ich hoffe sehr, dass Sie anhand der nachfolgenden Analyse rasch das enorme Potenzial erkennen, das in dieser Ein-Wort-Rückfrage-Methode steckt.

2. Eine Analyse

Die Frage nach dem Warum ist in der zwischenmenschlichen Kommunikation der Schlüssel zum Verstehen. Doch sehr oft empfinden wir diese Frage als mühsam, weil der / die Fragende dazu ausgerechnet das Wort «warum» verwendet. Besonders unangenehm wird es zudem, wenn diese Frage zwei, dreimal wiederholt wird. Doch es geht auch ganz anders ...

2.1 Um was geht es wirklich?

Eine für viele von uns alltägliche Situation – der Klassiker schlechthin – ist der Moment, in dem sich der Kunde zu unserer Offerte äussert. Schon im Vorfeld machen wir uns Gedanken darüber, was er wohl sagen wird. Natürlich hoffen wir, dass er den Preis nicht beanstandet oder wenn, dann nur marginal, sodass wir mit einem kleinen Rabatt den Auftrag an Land ziehen können. Doch dann, als hätten wir es geahnt, meint der Kunde ganz lapidar:

Wenn Sie sich an Ihre erste spontane Reaktion erinnern, als Sie diese Bemerkung auf Seite 24 gelesen haben, dann wissen Sie ja inzwischen, dass Ihr Unterbewusstsein Ihnen eine Übersetzung geliefert hat. Doch was heisst da schon *eine* Übersetzung?
Wenn eines klar ist, dann die Tatsache, dass je nachdem, wem ich

diese Frage in meinen Trainings stelle, die Übersetzungen und die damit einhergehenden Interpretationen seitens der Teilnehmenden mannigfaltiger nicht sein könnten!

Interessanterweise gelten die nachfolgenden Interpretationen auch dann, wenn der Kunde gesagt hätte: «Ihre Offerte ist teuer» oder etwa: «Sie verlangen auch noch genug!». Auch diese etwas abgeschwächten und sehr oft gehörten Äusserungen seitens unserer Kundschaft provozieren praktisch identische Interpretationen. Warum dem so ist, erläutere ich ebenfalls in diesem Buch.

Wenn wir also der Übersetzung unseres Unterbewusstseins der Äusserung «zu teuer» Glauben schenken (und das ist in unserer angelernten Art des Zuhörens gang und gäbe), dann wird aus unserer ersten Wahrnehmung genau jene Wahrheit, die uns zu der klassischen Haltung / Meinung verleitet, dass der Kunde ...

1) ... nicht bereit ist, den Betrag der Offerte zu zahlen.

2) ... erwartet, dass wir ihm im Preis entgegenkommen.

Auf Seite 27 haben wir darüber gesprochen, dass die Botschaft immer beim Empfänger gemacht wird. Keine Äusserung im Verkauf und der Kundenbetreuung verdeutlicht dieses Phänomen mehr, als obgenannter Satz. Daraus folgt:

> *Wir reagieren in den meisten Fällen nicht auf das, was jemand gesagt hat, sondern auf das, was wir glauben, gehört zu haben.*

Daher sind auch die beiden mit Abstand häufigsten Reaktionen auf eine solche Bemerkung ganz klar:

1) Rechtfertigung, also Verteidigung des Preises durch das Auflisten verschiedenster Argumente

2) Signalisation von Verhandlungsbereitschaft (wenn auch ungern)

Diese Art der Interpretation und der Reaktion zeigt:

> *Die Art und Weise, wie wir eine Botschaft wahrnehmen, entscheidet über die Art und Weise, wie wir reagieren.*

Lesen Sie dazu auch [> 7.1 – Von der Wahrnehmung zur Wahrheit]

Wenn wir die Bemerkung des Kunden aus seiner Sicht betrachten, dann können wir auch seine Absichten nachvollziehen. Denn wenn wir seine Sicht verstehen, verstehen wir auch seine Absichten schneller. Wenn wir seine Absicht kennen, kennen wir auch seine Bedürfnisse. Und wenn wir seine Bedürfnisse kennen, kennen wir auch die Nutzen, die er sucht.

Denn: Jeder Mensch agiert nach einem ganz bestimmten Prinzip, dem sogenannten Nutzen-Prinzip. Ohne sichtbaren, sprich erkennbaren, respektive einen in Aussicht gestellten Nutzen sind wir an einem Angebot nicht interessiert.

Lesen Sie dazu auch [> Kapitel 4 – Die Nutzen, die der Kunde sucht]

Ein Nutzen realisiert sich immer dann, wenn wir ein Motiv, respektive ein Bedürfnis befriedigen können oder davon ausgehen, dass wir es befriedigen werden können. Alles, was wir tun oder vermeiden, entspringt einem Motiv. Ein anderes, sehr passendes Wort dafür ist der Beweggrund. Der Grund, warum wir Menschen uns bewegen.

Doch es wird uns nie gelingen, zu diesem Nutzen des Kunden zu gelangen, wenn wir uns rechtfertigen.

Was genau hat nun den Kunden zu seiner Äusserung veranlasst? Das wäre genau die alles entscheidende Frage! Doch wenn wir – wie bereits erwähnt – auf die Übersetzung unseres Unterbewusstseins vertrauen, dann glauben wir schon einen Bruchteil einer Sekunde nach seiner Bemerkung zu wissen, was er damit gemeint hat (siehe gegenüberliegende Seite).

Und genau dann laufen wir Gefahr, uns – wie leider allzu oft – entweder in schwerfälligen und für den Kunden äusserst mühsamen Rechtfertigungen, Argumenten oder einer für beide Parteien in der Regel unangenehmen Preisdiskussion zu verlieren.

 *Lesen Sie dazu auch [> Kapitel 3 – Die Motive des Kunden]*

2.2 Die Sicht des Kunden

Also nochmals: Was genau hat der Kunde gesagt? Nun, gesagt hat er «zu teuer». Nicht mehr und nicht weniger. Jede voreilige Interpretation führt zu den bekannten Reaktionen.

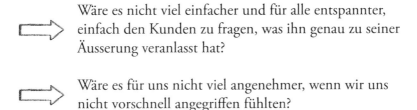

Wäre es nicht viel einfacher und für alle entspannter, einfach den Kunden zu fragen, was ihn genau zu seiner Äusserung veranlasst hat?

Wäre es für uns nicht viel angenehmer, wenn wir uns nicht vorschnell angegriffen fühlten?

Wäre es nicht viel effizienter, zu erfahren, was der Kunde wirklich will?

Mit der Ein-Wort-Rückfrage-Methode werden genau diese Fragen zum Kinderspiel. Damit geben wir ihm nicht nur Gelegenheit, seine erste Äusserung zu präzisieren, sondern wir vermeiden damit auch, uns vorschnell ein Urteil zu erlauben.
Was also ist sein Motiv? Wo liegt sein Beweggrund? Überlassen wir es doch einfach unserem Kunden, uns über seine Absichten aufzuklären! Und wissen Sie was? Er wird sie uns aufzeigen, schon alleine durch die Tatsache, dass er gefragt und nicht mit Rechtfertigungen abgespeist wurde.

Wie können wir wissen, was im Kopf des Kunden vorgeht, wenn er uns nur diese spärliche Information vermittelt? Wir können es nicht. Schluss. Punkt. Aus.
Aber wir glauben, es zu wissen. Erziehung, Selbstwertgefühl und schlechte Erfahrungen haben uns dazu gebracht. Allein die Fragen und die Interpretationsmöglichkeiten, die uns in diesem Moment durch den Kopf donnern, lassen in der Regel keine neutrale Reaktion zu.
Nachfolgend eine kleine Zusammenstellung von möglichen Fragen, die wir uns in solchen und ähnlichen Situationen stellen.

Fragen zu seiner Wahrnehmung und seinem Zustand:

- Hatte der Kunde genügend Zeit, unsere Offerte zu studieren?
- Wie interpretiert der Kunde unsere Offerte?
- Hat er die wesentlichen Elemente der Offerte verstanden?
- Ist der Kunde Entscheider oder Beeinflusser?
- Kann der Kunde über einen solchen Betrag selber entscheiden?

2. Eine Analyse

- Hat er eventuell eine Gegenofferte angefordert?
- Wenn ja, kann er die beiden Offerten vergleichen?
- Ist der Kunde überfordert?
- Wie denkt der Kunde über unsere Preisgestaltung?
- Wie nimmt der Kunde uns als Firma wahr?
- Was denkt der Kunde über mich als Repräsentant der Firma?

Fragen zu seiner Befindlichkeit und seinen Emotionen:

- Fühlt sich der Kunde durch die Offerte nicht richtig verstanden?
- Fühlt sich der Kunde falsch beraten?
- Fühlt sich der Kunde nicht ernst genommen?
- Fühlt sich der Kunde über den Tisch gezogen?
- Fühlt sich der Kunde überfordert?
- Ist der Kunde zurzeit im Stress?

Fragen zu seinen Absichten:

- Welche Ziele verfolgt der Kunde mit seiner Bemerkung?
- Was will der Kunde bei mir bewirken?
- Will der Kunde mich testen?
- Ist das sein übliches Spiel?
- Geht es nur um den Preis oder steckt noch mehr dahinter?
- Teilt uns der Kunde damit sein Misstrauen gegenüber der Firma mit?
- Hat der Kunde kein Vertrauen in uns?
- Hat der Kunde überhaupt die Absicht, uns den Auftrag zu geben?
- Missbraucht uns der Kunde, um einen anderen Anbieter zu drücken?

2.3 Unsere Interpretation

Aus all diesen Fragen, die in unserem Kopf als Gedanken herumgeistern, wenn es darum geht, auf einen einfachen Satz wie «Ihre Offerte ist zu teuer» zu reagieren, lassen sich gleich viele, wenn nicht noch wesentlich mehr nachvollziehbare Interpretationen und Mutmassungen ableiten. Konkret:

Der Kunde ...

- ... hat unsere Offerte gar nicht richtig gelesen.
- ... interpretiert unsere Offerte nicht richtig.
- ... versteht gar nicht, um was es sich detailliert handelt.
- ... wird vielleicht gar nicht selber entscheiden können.
- ... ist nicht in der Lage, das Preis-Leistungs-Verhältnis zu erkennen.
- ... hat sicher noch eine Gegenofferte eingeholt.
- ... ist nicht in der Lage, die Offerten korrekt zu vergleichen.
- ... ist schlichtweg überfordert.
- ... versteht unsere Preisgestaltung nicht.
- ... verkennt unsere Fähigkeiten und unser Potenzial.
- ... traut uns nichts zu.

Der Kunde ...

- ... führt sicher irgendetwas im Schilde.
- ... will uns zu irgendetwas verleiten.
- ... will uns testen.
- ... liebt dieses Spiel.
- ... bezweckt neben dem Preis wohl noch ganz andere Dinge.
- ... misstraut unserer Firma.

- ... nimmt uns nicht ernst.
- ... hat kein Vertrauen in uns.
- ... hat vielleicht gar nicht die Absicht, uns den Auftrag zu geben.
- ... missbraucht uns, um einen anderen Anbieter zu drücken.

Wir können es drehen und wenden, wie wir wollen. All diese soeben aufgeführten Gedanken sind reine Spekulation, denn es sind Interpretationen, einzig hervorgerufen durch die Übersetzung unseres Unterbewusstseins. Sie alle sagen nichts über die wahren Motive und Absichten des Kunden aus.

Vielleicht ist es Ihnen zudem aufgefallen, dass die Interpretationen zur Befindlichkeit des Kunden hier nicht aufgeführt sind. Dies aus dem einfachen Grund, weil wir genau in diesem Moment, in dem wir auf seine Äusserung «Ihre Offerte ist zu teuer» eingehen sollten, solche Überlegungen nur sehr selten anstellen.

Verhindert wird dies meist durch unsere ganz spezifische Art der Interpretation. Und zwar immer dann, wenn wir eine Äusserung als Angriff, als Kritik oder als Vorwurf interpretieren.

Lesen Sie dazu auch [> 7.4.3 – Der Beziehungs-Filter]

Eine solche Reaktion ist in gewisser Weise durchaus verständlich, da wir aufgrund besagter Übersetzung, die uns unser Unterbewusstsein aus unserem eigenen Referenzsystem geliefert hat, uns unmittelbar auf unsere Rechtfertigung und Verteidigung konzentrieren.

Und sind wir erst einmal in diesen Modus gelangt (was bekanntermassen nur eine Tausendstelsekunde dauert!), dann ...

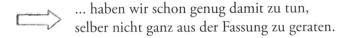
... haben wir schon genug damit zu tun, selber nicht ganz aus der Fassung zu geraten.

➡️ ... sind wir vollends damit beschäftigt, einigermassen unbeschadet aus dieser Nummer wieder rauszukommen.

➡️ ... beschäftigen wir uns bereits mit unserer Verteidigungs- und Rechtfertigungsstrategie.

und dann ...

➡️ ... können wir uns beim besten Willen nicht auch noch um das Befinden und die Bedürfnisse des Kunden kümmern.

2.4 Mögliche Reaktionen und Antworten

Wir wissen bereits:
Die Art und Weise, wie wir etwas wahrnehmen, entscheidet über die Art und Weise, wie wir darauf reagieren. Wenn wir also vorschnell auf unser Unterbewusstsein hören, dann haben wir in der Tat bereits entschieden, wie wir eine Bemerkung oder Frage verstehen.

Doch tatsächlich verfügen wir über keinerlei gesichertes Wissen darüber, was der Kunde mit seiner Bemerkung ausdrücken wollte. Daher ist es aus kommunikativer Sicht völlig nutzlos, darauf zu antworten. Dennoch sind – wie gesehen – Argumentation und Rechtfertigung zu einer Art Standardreaktion vieler im Verkauf und in der Kundenbetreuung aktiver Menschen geworden.

Neben diesen beiden bekanntesten und am häufigsten verwendeten Antworten, gibt es noch zahlreiche weitere Reaktionen. Hier ein kleiner Auszug:

2. Eine Analyse

- «Natürlich können wir noch über den Preis sprechen.»
- «Nun, Qualität hat halt seinen Preis.»
- «Was haben Sie sich denn konkret vorgestellt?»
- «Von welchem Betrag gehen Sie aus?»
- «Warum sind Sie mit unserer Offerte unzufrieden?»
- «Zu teuer im Bezug auf wen oder auf was?»
- «Konnten Sie denn unsere Offerte in Ruhe studieren?»
- «Da kann ich leider nichts machen.»
- «Hm, wir haben bereits knapp kalkuliert.»
- «Dafür erhalten Sie aber auch erstklassige Produkte.»
- «Unser Produkt lässt sich nicht einfach so mit anderen vergleichen.»
- «Vielleicht kennen Sie noch nicht alle Vorteile unserer Produkte?»
- «Haben Sie unsere Offerte mit einer Gegenofferte verglichen?»

Sie werden erkennen, dass sich all diese Reaktionen direkt aus den vorangegangenen Interpretationen ableiten lassen. Auch wenn sie absolut nachvollziehbar sind, da unmittelbar von unserem Unterbewusstsein vorgeschlagen, empfehle ich Ihnen wärmstens, keine davon zu verwenden.

Keine der aufgeführten Antworten ist auch nur ansatzweise kundenzentriert oder konstruktiv. Keine einzige dieser Reaktionen wird dafür sorgen, dass wir den Kunden besser verstehen, geschweige denn, dass sich der Kunde ernst genommen fühlt.

 *Lesen Sie dazu auch [> 7.4.3 – Der Beziehungs-Filter]*

Genau jetzt aber wäre es ratsam und sinnvoll, sich von unserem egozentrierten Denken zu lösen und in die sogenannte kunden- oder partnerzentrierte Kommunikation zu wechseln. Die hilft uns nämlich, zu erfahren, in welchem Zustand sich der Kunde / Partner befindet, wie es ihm geht und was er wirklich sagen wollte. Und damit könnten wir Schritt für Schritt klären, welches Motiv dem Verhalten des Kunden / Partners zugrunde liegt.

Einmal mehr: Genau das ermöglicht die Ein-Wort-Rückfrage-Methode.

🔍 *Lesen Sie dazu auch [> Kapitel 3 – Die Motive des Kunden] [> Kapitel 9 – Die kundenzentrierte Kommunikation]*

2.5 Knapp daneben ist auch vorbei

Es wäre weder ratsam noch praktizierbar, sich oder seinem Gesprächspartner kurz nach seiner Bemerkung all diese Fragen zu stellen, respektive ihn mit unseren Antworten zu bemühen. Keine davon ist in irgendeiner Weise zielführend. Denn egal, welche Frage wir nun wählen, egal, welche Antwort wir geben – sie wird immer bereits durch unsere Interpretation geprägt sein. Und das merkt der Kunde. Aus jeder der oben aufgeführten Fragen und Antworten lässt sich die Interpretation des Empfängers klar ablesen.

Dazu kommt, dass wir oft Fragen, die an sich helfen würden, vorschnell entkräften. So zum Beispiel offene Fragen, die wir zu Alternativfragen verwandeln. Statt zu fragen: «Was ist Ihnen dabei wichtig?» und damit dem Kunden die Chance zu geben, offen zu antworten, ergänzen wir diese oft mit «Ist es der Preis oder die Qualität?» und schon haben wir die Antwortmöglichkeiten des Kunden auf deren zwei reduziert.

2. Eine Analyse

Natürlich gibt es Fragestellungen, die Sie durchaus verwenden können wie:

- «Wie meinen Sie das genau?»
- «Können Sie das präzisieren?»
- «Wie darf ich das verstehen?»
- «Können Sie dazu noch etwas ergänzen?»

Doch in dem Moment, in dem wir die Bemerkung oder Frage des Kunden nur ein klitzekleines Bisschen persönlich nehmen, weil wir darin einen Angriff, einen Vorwurf, eine Kritik oder vielleicht auch einen Einwand hören, werden wir nur schwer so reagieren können. Und die Erfahrung zeigt, dass sehr viele Menschen hier sehr dünnhäutig unterwegs sind.

Denn genau in dem Moment übernimmt unser limbisches System mit seiner Drama-Queen namens Amygdala mit ihrem jahrtausendealten aber auch altbewährten, weil überlebenswichtigen, Sensorium die Führung. Und dieses Sensorium ist hypersensibel und ultraschnell.

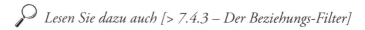 *Lesen Sie dazu auch [> 7.4.3 – Der Beziehungs-Filter]*

Tausende von Partnerübungen haben gezeigt, dass unsere erste Reaktion in solchen Situationen fast ausschliesslich eine emotionale ist, auch wenn sie nur eine Fraktion einer Sekunde dauert. Doch diese Zeitspanne reicht aus, um uns genau jene Übersetzungen zu liefern, die uns glauben machen, dass wir es mit einer Form von Vorwurf oder Kritik zu tun haben. Dies erschwert es uns massiv, kundenorientiert zu reagieren. Und ein paar erste Interpretationen haben wir ja bereits kennengelernt.
Und solange wir mit unserer Rechtfertigungsstrategie beschäftigt sind, werden wir kaum oder nur mit sehr viel Beherrschung und

Selbstdisziplin in der Lage sein, eine der vorgängig möglichen Fragen zu stellen. Wer dies kann, hat klare Vorteile.
Oder aber, wir verwenden die Ein-Wort-Rückfrage-Methode.

2.6   Wir reden Dialekt. Drum.

Ein weiterer Aspekt, der in der Ausbildung oft unterschätzt wird, gilt dem Schweizer Dialekt. Wir alle lesen und wälzen Sachbücher, besuchen Trainings und belegen Seminare rund um das Thema Kommunikation. Alles Schriftliche, das wir dadurch erfassen, ist in Hochdeutsch verfasst. Doch im Alltag sprechen wir unseren regionalen Dialekt.

Es besteht ein markanter Unterschied zwischen einer Frage, die in schriftdeutscher Form verfasst ist und beim Lesen auch gut und süffig klingt und einer Antwort in unserem Dialekt. Allein die vier vorab aufgeführten Fragen klingen und wirken in unserer Schweizer Mundart anders. Teilweise sogar etwas fremd.

Ich habe festgestellt, dass sich die meisten Menschen sehr schwertun, wenn sie Fragen eins zu eins aus dem Deutschen in einem Mundart-Dialog anwenden sollen. Und wenn etwas für uns zu anspruchsvoll wird, dann lassen wir es oft auch einfach sein.

Dieses Phänomen spielt generell in der Fragetechnik eine entscheidende Rolle. Viele wohlklingende Fragestellungen – so gut und wertvoll sie auch immer sein mögen – versagen ihren Dienst, wenn es um die Umsetzung in der Mundart geht.

Auch hier hilft die Ein-Wort-Rückfrage-Methode. Denn ein Wort zu wiederholen, das unser Gesprächspartner gerade genannt hat, ist wirklich einfach. Besonders in Dialektform.

2. Eine Analyse

Folgende Ausgangslage: Sie haben Ihrem Kunden gerade einen Vorschlag unterbreitet. Er kommentiert diesen mit den Worten:

«Nun, das ist doch eher bescheiden.»

Wie reagieren Sie? Übersetzen Sie doch einfach mal die nachfolgenden Antworten / Reaktionen in Ihren Dialekt und prüfen Sie, ob Sie diese so schon mal verwendet haben oder sich vorstellen könnten, diese so in Zukunft in Mundart zu verwenden:

«Wie darf ich das verstehen?»
«Was ist denn Ihrer Meinung nach nicht in Ordnung?»
«Können Sie das noch etwas präzisieren?»
«Könnten Sie bitte noch etwas näher auf diesen Punkt eingehen?»
«Können Sie das noch etwas beleuchten?»

Meine Erfahrung: So sprechen wir nicht! Ist es nicht viel wahrscheinlicher, dass wir in diesem Moment wohl eher fragen würden:

«Was ist denn nicht gut?»
«Warum meinen Sie?»
«Wieso?»

Und damit hätten wir einmal mehr gezeigt, dass wir glauben, der Kunde hätte gesagt, dass etwas «nicht gut» sei. Hat er aber nicht. Er brauchte zwar das Wort «bescheiden», das auf eine gewisse Unzufriedenheit hindeutet. Doch «schlecht» muss die Arbeit deswegen noch lange nicht sein.
Vielleicht hat er ja auch etwas ganz anderes ausdrücken wollen, aber einfach noch nicht auf Anhieb die besten Worte dafür gefunden.

Lesen Sie dazu auch [> 6.4 – Der Flugzeug-Modus]

Doch zum guten Glück brauchen wir all diese verschiedenen Rückfragen gar nicht zu stellen. Wir brauchen auch keine davon auswendig zu lernen. Wir brauchen nur die Ein-Wort-Rückfrage-Methode anzuwenden. Sie reicht, um ganz einfach immer unseren Gesprächspartner entscheiden zu lassen, auf welchen Aspekt er näher eingehen will:

«Bescheiden?»

Durch das einfache Wiederholen nur eines Wortes, nämlich dem Wort, das ja nicht wir, sondern unser Gesprächspartner gewählt hat, überlassen wir es ihm, uns aus seiner Sicht und nach seinem Empfinden zu antworten.

Schluss mit den Übersetzungen, den Decodierungen und den Interpretationen! Geben Sie einfach Ihrem Gesprächspartner Gelegenheit, seine Worte zu präzisieren. Einfach nur fragen und staunen. Ganz ähnlich dem Mantra der etwas tollpatschigen aber nicht minder süssen *Dorie* aus dem Film *Findet Nemo*: «Einfach fragen, einfach fragen».

2.7   Pure Magie!

Und jetzt stellen Sie sich bitte vor, Sie würden tatsächlich einfach künftig auf eine Bemerkung wie «Ihre Offerte ist zu teuer» antworten mit:

«Zu teuer?»

Alles, was nun passiert und auch passieren wird, werden wir in den folgenden Kapiteln ganz genau betrachten. Geht es doch darum, die vielfältigen Nutzen dieser Methode zu belegen. So beleuchten wir die verblüffende Wirkung, die Sie damit auf Ihren Kunden ausüben

2. Eine Analyse

unter anderem bezüglich …

- … dem Respekt, den der Kunde erhält.
- … der Autonomie, die der Kunde geniesst.
- … der Anerkennung, die der Kunde spürt.
- … dem Verständnis, das der Kunde erkennt.
- … der Empathie, die der Kunde schätzt.
- … dem Interesse, das der Kunde erfährt.
- … dem guten Gefühl, das der Kunde empfindet.
- … dem Nutzen, den er erkennt.

Sie erfahren, welche Auswirkungen diese Antwort auf Sie selber hat bezüglich …

- … Ihrem Wohlbefinden.
- … Ihrer Ausgeglichenheit.
- … Ihrer Ausstrahlung.
- … Ihrer Ruhe.
- … Ihrer Kompetenz.
- … Ihrer Sicherheit.
- … Ihrer Selbstkontrolle.
- … Ihrer Souveränität.
- … Ihrem Selbstwertgefühl.
- … Ihrer künftigen Gespräche.

Sie erkennen, welchen Einfluss diese Antwort hat auf …

- … den Gesprächsverlauf, den Inhalt und die Gesprächsdauer.
- … das Verhältnis zum Kunden.
- … die Bereitschaft des Kunden, auf Ihre Argumente einzugehen.
- … die künftige gemeinsame Zusammenarbeit.
- … die künftigen Aufträge.

- … den Goodwill des Kunden.
- … die weiteren Massnahmen und Handlungen nach dem Gespräch.

2.8 Achtung Falle!

Wir haben erkannt, dass das, was wir wahrnehmen, in den meisten Fällen nichts anderes als eine erste Übersetzung unseres Unterbewusstseins ist. Ob wir also eine Botschaft wirklich verstanden haben, oder ob wir nur annehmen, dass wir sie verstanden haben, lässt sich nur dann klären, wenn wir nachfragen.
Doch diese an sich einfache Regel birgt eine trügerische Komponente in sich. Wie können wir erkennen, ob etwas unklar ist oder nicht, wenn wir doch genau in dem Moment, in dem wir eine Botschaft vernehmen, meinen, dass alles klar ist? Und wenn ja alles klar ist, brauchen wir ja auch nicht nachzufragen. Was für eine Logik und was für ein Schlamassel!
Wir haben gelernt, dass wir immer dann oder nur dann fragen, wenn wir etwas nicht verstehen. Das ist nachvollziehbar und in sich ja auch richtig. Doch dieses Verhalten impliziert eben auch die Haltung, dass wir demnach nicht nachzufragen brauchen, wenn alles klar ist.

Und es ist genau dieser Trugschluss, der immer wieder dazu führt, dass wir nicht auf das reagieren, was jemand gesagt hat, sondern auf das, was wir glauben gehört oder verstanden zu haben. Kurz:

> *Das Bild, das mir sagt, dass alles klar ist, ist von dem Bild, das mir nur suggeriert, dass alles klar ist, nicht zu unterscheiden.*

 *Lesen Sie dazu auch [> Kapitel 7 – Wie wir zuhören]*

Um also wirklich, wirklich zu erfahren, was der Sender mit dem Gesagten ausdrücken will, müssen wir wissen, welche Bilder er aus seinem eigenen Archiv verwendet. Nur wenn es uns gelingt, den Kunden dazu einzuladen, uns seine Bilder zu erklären, werden wir wirklich verstehen, was er meint!
Heisst das demnach, dass wir auch dann nachfragen sollten, wenn alles klar ist? Ganz genau! Alles klar?

Dass das auf den ersten Blick etwas bizarr anmutet, versteht sich von alleine. Und es geht ja auch nicht darum, immer alles bis ins hinterletzte Detail zu hinterfragen. Wir würden uns so sehr schnell ins Abseits manövrieren. Doch irgendwo zwischen diesem Verhalten und der Tatsache, dass wir viel zu wenig hinterfragen, befindet sich ein Weg, den es sich zu gehen lohnt. Denn:

> *Nur weil wir das Wort kennen, das der Sender braucht, heisst das noch lange nicht, dass wir die gleichen Werte, Empfindungen und Bilder damit verknüpfen wie er.*

Wenn wir zudem berücksichtigen, dass wir ohnehin unbewusst alle Botschaften sehr oft auch nach Bewertungen durchforsten, riskieren wir, uns rasch persönlich angegriffen zu fühlen.

2.9 Reine Psychologie

Genau hier greift die Ein-Wort-Rückfrage-Methode. Statt uns vorschnell angegriffen zu fühlen oder statt vorschnell unbewusst zu entscheiden, was der Sender mit seiner Frage oder Bemerkung beabsichtigt hat, halten wir den Ball flach und fragen ganz einfach mal nach. So unterdrücken wir den Drang, unmittelbar zu antworten. Gleichzeitig verbieten wir uns damit, vorschnell mit Rechtfertigungen, Argumenten oder anderen, zu emotionalen Reaktionen den Gesprächsverlauf ungünstig zu beeinflussen.

Wir wenden ganz einfach die Ein-Wort-Rückfrage-Methode an und lassen uns von der Reaktion des Gesprächspartners überraschen. Und damit lassen wir die Psychologie spielen. Denn das, was dem Kunden jetzt widerfährt, ist ein Verhalten, das er in der Regel nicht gewohnt ist. Ein Verhalten, von dem auch wir uns als Kunde immer wieder gerne überraschen lassen.

Statt also den Kunden mit einer klassischen und alltäglichen Floskel wie «Ja, aber ...» abzuspeisen oder einer schwächlichen Rechtfertigung zu belästigen, fordern wir ihn ganz einfach auf, uns mehr über sein Anliegen mitzuteilen.
Und damit vermitteln wir unserem Gesprächspartner drei entscheidende Impulse:

1. Anerkennung
2. Respekt
3. Verständnis

Anerkennung
gilt als ein elementares soziales Grundbedürfnis des Menschen. Jeder von uns braucht Anerkennung. Anerkennung bedeutet nichts anderes, als das Gefühl vermittelt zu erhalten, dass wir wahrgenommen werden. Wir werden bemerkt, beachtet und dadurch auch geachtet.

Respekt
ist die Basis für eine harmonische Kommunikation. Fehlt dieser zu Teilen oder ganz, wird ein konstruktiver Austausch praktisch verunmöglicht. Ohne Respekt findet kaum ein Dialog statt. Es wird voraus-

sichtlich auf eine einseitige Übermittlung von Informationen reduziert. In diesem Zusammenhang bedeutet Respekt so viel wie den anderen in seinem Anliegen unvoreingenommen anzunehmen. Zu erkennen, dass er das Recht hat, seinem Befinden Ausdruck zu verleihen. Ob wir mit der Art und Weise, wie er das macht oder dem Inhalt einverstanden sind, ist wiederum etwas ganz anderes. Respekt heisst, den anderen in seinem aktuellen Zustand wahrzunehmen.

Wer so Respekt erfährt, wird sich ganz anders verhalten, als wenn er das Gefühl erhält, nicht ernst genommen zu werden. Sobald wir seiner Bemerkung, seiner Frage oder seinem Anliegen mit einer Art Verteidigungspolitik begegnen, wird er entweder eine ähnliche Strategie fahren und sich unseren Argumenten zunehmend verschliessen. Oder aber er wird aus einer bewussten Angriffsposition, in die wir ihn mit unserem Verhalten getrieben haben, operieren.

Die Folge wird auch hier ein Dialog im Ungleichgewicht sein. Ein Gespräch, das sich nicht in Richtung einer Win-win-Situation bewegt.

Verständnis
ist der Schlüssel zum Dialog. Ohne Verständnis als erstes für den Kunden wahrnehmbares Signal wird jeder Dialog sehr schwer zu führen sein. Ganz besonders gilt dies in Konfliktsituationen wie bei Kritik und Reklamationen, die wir ebenfalls detailliert anschauen werden.

Verständnis bedeutet auch hier in keiner Weise, dass wir mit der Art der Vermittlung oder dem Inhalt der Botschaft einverstanden sind. Es signalisiert lediglich, dass wir seine Position in gewisser Weise nachvollziehen können.

Mit der Ein-Wort-Rückfrage-Methode zeigen wir genau im Moment unserer Frage Verständnis für den Kunden. Durch die absolut neutrale Frageform hilft sie uns, jede Art der Interpretation auszuschlies-

sen. Dies ist eine zentrale Voraussetzung für einen optimalen Gesprächsverlauf.
Vielleicht haben Sie das als Kunde auch schon erlebt, dass Ihr Berater oder Verkäufer nach Ihrer Bemerkung / Frage versucht, so gut es geht, die Fassung zu bewahren, jedoch via nonverbale Signale und spätestens in seiner verbalen Reaktion unbewusst offenbart, wie er Ihre Frage oder Ihre Bemerkung interpretiert. Mit der Ein-Wort-Rückfrage-Methode ist dies praktisch ausgeschlossen.

Hat der Kunde also allein mit unserer ultrakurzen Reaktion diese drei elementaren Impulse erhalten, wird er sein Anliegen umgehend präzisieren. Er wird uns weitere wertvolle Details liefern.
Und er wird uns genau das liefern, was ihn zu seiner Haltung, zu seiner Einschätzung, zu seiner Ansicht, zu seiner Wahrnehmung bewogen hat: Sein Motiv.
Mehr noch: Mit seinem Motiv wird er uns nur wenig später im Verlauf des Gesprächs unweigerlich seine Nutzen darlegen, welche er braucht, um mit uns einig zu werden.

Lesen Sie dazu auch [> Kapitel 4 – Die Nutzen, die der Kunde sucht]

All das – und alles, was Sie in diesem Buch noch entdecken werden – erreichen Sie mit der Ein-Wort-Rückfrage-Methode. Und wir müssen uns nicht einmal gross Gedanken machen, wie wir fragen wollen, mit welcher Technik, ob mit offenen oder geschlossenen Fragen. Denn das entscheidende Wort, das es rückzufragen gilt, liefert uns immer der Kunde! Immer!

Und sofort haben Sie mehr Informationen, die Sie bewerten und analysieren können und die Ihnen helfen, den wahren Kern der Botschaft zu erkennen. Das sorgt umgehend für eine massive Entspannung für Sie und Ihren Gesprächspartner, weil Sie sofort erkennen, dass seine Äusserung zwar wie ein persönlicher Angriff klingen mag, aber gar keiner ist, sondern höchstens eine etwas ungeschickt formulierte Empfindung oder Meinung.

Denken Sie daran: Nur weil jemand sagt, dass etwas teuer, schlecht, alt, komisch, speziell usw. ist, heisst das noch lange nicht, dass es auch so ist. Es widerspiegelt ganz einfach nur sein momentanes Empfinden!

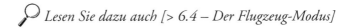 *Lesen Sie dazu auch [> 6.4 – Der Flugzeug-Modus]*

2.10 Zweifel? Sehr gut!

Wenn Sie nach wie vor oder jetzt erst recht so Ihre Zweifel haben und sich überlegen, ob das mit dieser Ein-Wort-Rückfrage-Methode wirklich funktionieren kann, dann ist das sehr gut. Es zeigt nämlich, dass Sie sich ernsthaft mit der Wirkung auseinandersetzen.

Wie bereits kurz erwähnt und beschrieben, hier nochmals: Würden Sie mich in einem Gespräch fragen, ob denn diese Methode auch wirklich funktioniert, würde ich Sie direkt fragen «funktionieren?». Und Sie würden mit grösster Wahrscheinlichkeit spontan antworten mit: «Ja, weil…», um mir dann präzise zu erläutern, was für Sie allenfalls unklar, fragwürdig, anspruchsvoll, nicht ganz nachvollziehbar, schwierig in der Umsetzung, zu banal, für Sie ungeeignet, usw., sein könnte.

Stellen Sie sich aber vor, ich hätte auf Ihre Frage geantwortet mit: «Was verstehen Sie denn nicht dabei?» oder «Warum glauben Sie nicht an die Wirkung?».

Hätten Sie sich da vielleicht nicht auch etwas eingeengt oder gar missverstanden gefühlt und daher den Eindruck vermittelt erhalten, dass ich …

a) ... Sie nicht richtig verstanden habe.
b) ... mich nicht wirklich für Sie interessiere.
c) ... mich angegriffen fühle.

Damit genau das nicht passiert, damit wir nicht in unserer Antwort bereits irgendwelche Interpretationen kundgeben, benutzen wir einfach die Ein-Wort-Rückfrage-Methode. Sie garantiert absolute Neutralität.

Was zudem definitiv nicht passieren wird – und das versichere ich Ihnen – ist, dass Ihr Gesprächspartner Sie plötzlich fragt, warum Sie so komische Fragen stellen. Denn er wird Ihre Frage nicht als unangenehm empfinden, sondern sich ernst genommen und verstanden fühlen. Schliesslich sagen Sie ihm mit dieser Frage, dass Sie ihm zuhören, auf ihn eingehen und wissen wollen, was er wirklich zu sagen hat.

Seit nunmehr bald 25 Jahren, in denen ich diese Methode vermittle, bitte ich die Teilnehmenden meiner Trainings und Vorträge und jetzt auch Sie, mir umgehend Meldung zu machen, wenn Sie tatsächlich ein Kunde fragt, warum Sie ihm eine solch blöde Frage stellen. Ich warte bis heute auf den Anruf.

Ich beschränke mich hier mit meiner These ganz bewusst auf den Dialog mit Kunden. Denn im privaten Bereich sieht es tatsächlich etwas anders aus. Da Ihre Partnerin respektive Ihr Partner oder enge Freunde durchaus in der Lage sind, Ihr sogenanntes Referenzverhalten zu kennen, das auch Ihre Art der Fragen und Reaktionen beinhaltet, kann es sein, dass ein verändertes Frageverhalten durchaus auffallen kann.

Es ist interessant zu beobachten, dass hier Frauen wesentlich empfindsamer (nicht empfindlicher) reagieren als Männer. Will heissen, dass Frauen generell eine Veränderung in der Kommunikation ihrer Partner schneller erkennen als umgekehrt.

2.11 Das richtige Timing

Beachten Sie bei der Anwendung auch das Timing. Lassen Sie zwischen der Bemerkung Ihres Gesprächspartners und Ihrer Ein-Wort-Rückfrage nicht zu viel Zeit verstreichen. Es könnte sonst der Eindruck entstehen, dass Sie eventuell nicht konzentriert genug zugehört haben. Ein kurzer Abstand zwischen Bemerkung und Rückfrage signalisiert Aufmerksamkeit und Interesse.

2.12 Gelegenheiten satt

Der Weg zum Motiv eines Menschen dauert oft nur Sekunden. Nach ein, zwei Fragen ist es in der Regel bereits soweit. Und Gelegenheiten, nach dem Motiv eines Menschen zu fragen, erhalten wir in jedem Gespräch unendliche. Jedes Adjektiv wie *gross, schön, toll, mühsam, schlecht, teuer,* usw. ist ein absoluter Steilpass. Doch auch jedes Substantiv eignet sich hervorragend. Einzig: Wir müssen fragen. Und fragen heisst auch, dass wir ein Minimum an Interesse für diese Person aufbringen müssen. Es ist klar, dass wir jemanden, mit dem wir nichts zu tun haben wollen, jemanden, den wir nicht kennen und der für uns nicht wichtig ist, kaum in ein Gespräch vertiefen werden.

2.13 Keine Regel ohne Ausnahme

Wie bereits kurz angedeutet, kommt auch die Ein-Wort-Rückfrage-Methode nicht ganz ohne Ausnahme aus. Es gibt Situation, in denen die Anwendung nicht viel Sinn ergibt oder nicht wirklich zielführend ist.
Einerseits gilt auch hier der gesunde Menschenverstand, der hilft,

darüber zu entscheiden, wie stimmig der Einsatz der Ein-Wort-Rückfrage-Methode ist.

Fall 1: Die Frage hilft nicht weiter, ist nicht zielführend:

Frage:	«Kannst du mir sagen, wie viel Uhr es ist?»
Antwort:	«Uhr?»
Frage:	«Kannst du mir bitte das Salz reichen?»
Antwort:	«Das Salz?»
Bemerkung:	«Es ist grün, du kannst fahren.»
Antwort:	«Grün?»

Unter uns: Natürlich konnte ich auch da nicht widerstehen und habe all diese Varianten in den verschiedensten Situationen x-mal getestet und ausprobiert. Die Reaktionen waren zum Teil wirklich verblüffend...

Fall 2: Wir stellen zu viele Fragen im sogenannten Verhör-Modus:

A: «Nächste Woche fahre ich in die Ferien.»
B: «In die Ferien?»
A: «Ja, nach Italien.»
B: «Ah, Italien?»
A: «Ja, in die Toskana.»
B: «Toskana?»
A: «Ja, nach Siena.»
B: «Oh, Siena?»
A: «Ja, nach Siena. Was fragst du denn so blöd?»
B: «Blöd?»

Das sind die mir bekannten zwei Bereiche, in denen die Ein-Wort-Rückfrage-Methode nicht direkt greift. Im Fall 2 ist sie zwar als Einstiegsfrage geeignet, doch sollten im Anschluss andere Fragen folgen.

2.14 Das perfekte Paar

Sie kennen mit Sicherheit ein paar Dutzend Fragearten. Und Sie haben nun eine weitere kennengelernt, die sich als Einstiegsfrage zu jedem Zeitpunkt eines Gesprächs mehr als aufdrängt. Die wenigen Ausnahmen haben Sie ebenfalls gerade kennengelernt.
Was es bei der kundenzentrierten Kommunikation und damit in der Kundenorientierung unbedingt zu vermeiden gilt, ist den Kunden so zu befragen, dass er sich vorkommt wie in einem Verhör (siehe Fall 2, vorangegangenes Beispiel «Siena»).

Wenn es uns jedoch gelingt, ganz grundsätzlich das, was der Kunde gesagt hat, als Basis für unsere nächste Frage zu verwenden, wird er sich angenehm betreut fühlen. Das alleine mit der Ein-Wort-Rückfrage-Methode zu bewerkstelligen, ist nicht sehr sinnvoll. Mit ihr zu starten hingegen schon.

Doch es gibt eine kurze und äusserst valable Variante, die eine perfekte Ergänzung zur Ein-Wort-Rückfrage-Methode darstellt. Sie wird von vielen meiner Trainingsteilnehmenden gerne auch als eine Art «Einstiegsdroge» verwendet.

Tatsächlich kann die Ein-Wort-Rückfrage-Methode schon irgendwie süchtig machen, wie Sie vielleicht bald schon selber konstatieren können. Diese zweite Variante ist ebenfalls sehr einfach und daher auch sehr wirkungsvoll. Sie sorgt ebenfalls dafür, dass Sie damit völlig wertfrei antworten können, ohne die Antwort des Gesprächspartners einzuschränken.

Es gibt sie in zwei Variationen:
  a) «Das heisst?»
  b) «Das heisst konkret?»

Sie hat also denselben Effekt wie die Ein-Wort-Rückfrage-Methode und ist die ideale Ergänzung dazu. Wenn Sie bedenken, dass Sie in der Regel mit drei Fragen zum Motiv des Kunden gelangen, verfügen Sie mit diesem Fragen-Paar über ein sehr effektives Instrument in der Kundenorientierung.

Dazu – wenn Sie Lust haben – ein Beispiel aus dem Alltag eines Verkäufers. (Dieses Beispiel werde ich erneut im Kapitel «Autonomie des Kunden» verwenden. Dort jedoch unter dem Aspekt, den Kunden jederzeit in seinem autonomen Denken und Handeln zu respektieren.)

Ich erinnere mich gut an ein Akquisitionstelefonat, das ich mit einem potenziellen Kunden geführt hatte. Ich hatte ihn angerufen, um zu erfahren, ob er meine Unterlagen, die ich ihm ein paar Tage zuvor zugesandt hatte, schon anschauen konnte.

Meine Frage:	«Hatten Sie Gelegenheit, einen Blick in meine Unterlagen zu werfen?»
Seine Reaktion:	«Es hat sich erledigt.»
Meine Antwort:	«Erledigt?»
Seine Antwort:	«Ja. Ich habe sie entsorgt.»

Zwei klarere Neins hätte er wohl kaum formulieren können. Sein Desinteresse und seine klare Ablehnung waren offensichtlich. Doch waren sie es wirklich?

- Hat er wirklich gesagt, dass er mein Angebot schlecht findet?
- Hat er gesagt, dass er an meinem Angebot nicht interessiert ist?

2. Eine Analyse

Nein, das hat er nicht. Es klang nur so!
Da ich früh in meinem Beruf gelernt habe, mit einem Nein umzugehen, jedoch immer auch am Grund für ein Nein interessiert bin, blieb ich dran. Und da ich weiss, dass sich hinter jeder Antwort noch etwas verbirgt, habe ich nachgeforscht:

Ich fragte: «Aha, das heisst?»
Er meinte: «Ja, ich habe es entsorgt. Ich weiss gar nicht mehr, was Sie mir geschickt haben. Wissen Sie, ich erhalte täglich so viel Werbung. Da schmeisse ich halt auch mal was in den Kübel.»

Sie werden sofort erkennen, dass sich sein Nein also in keiner Weise auf meinen Brief bezog, sondern aufzeigte, dass er mit der täglichen Flut an Briefen schlicht und ergreifend überfordert war.
  Sogleich zeigte ich wiederum für sein Verhalten Verständnis, denn Verständnis ist der Schlüssel zum Dialog:

Ich meinte: «Das kann ich gut verstehen. Das geht mir manchmal genau gleich. Nun, wenn Sie möchten, kann ich Ihnen in zwei Sätzen erklären, um was es in meinem Brief ging.»

Er war damit einverstanden. Am Ende des Gesprächs meinte er:
«Anscheinend habe ich Ihren Brief zu früh entsorgt. Bitte senden Sie ihn mir doch nochmals zu.»

Den Aspekt der Autonomie erläutere ich etwas später in diesem Buch.

🔍 *Lesen Sie dazu auch [> Kapitel 12 – Die Autonomie des Kunden]*

2.15 In medias res

Nachfolgend gleich zwei Beispiele, die zeigen, wie schnell und einfach Sie erfahren können, was jemand wirklich sagen will. Egal, in welcher Art und Weise er sich äussert.

Beispiel A:
Sie haben übers Wochenende sämtliche Quartalszahlen für die Sitzung am Montag zusammengestellt, kontrolliert und nochmals kontrolliert. Bestens vorbereitet starten Sie am Montag in die Sitzung. Mit dabei auch der allseits beliebte und geschätzte Müller, der es sich einmal mehr nicht nehmen lässt, Sie schon zwei Minuten nach dem Start Ihrer Präsentation harsch mit der Frage zu konfrontieren: «Sind diese Zahlen überhaupt korrekt?»

Wie reagieren Sie?
Klar werden Sie nun mit der absoluten Coolness eines erfolgreichen Geschäftsmannes oder einer erfolgreichen Geschäftsfrau sagen können: «Ja», um dann seelenruhig weiterzufahren. Respekt!
Wie aber reagieren Sie, wenn er meint: «Aus meiner Sicht sind diese Zahlen nicht korrekt», was eine ähnliche Wirkung haben dürfte.
Mit einem «Ja» oder «Nein» kommen Sie so leicht aus dieser Nummer nicht mehr raus. Dafür mit der Ein-Wort-Rückfrage-Methode.
Sie haben in diesem Fall sogar die Freiheit, zu wählen, auf welchen Aspekt seiner Bemerkung Sie eingehen wollen. Das ist Luxus pur!

1) Wenn es Ihnen nur um die Zahlen an sich geht, werden Sie antworten: «Nicht korrekt?»

2) Wenn Sie seiner persönlichen Meinung oder Fachkompetenz mehr Beachtung schenken wollen, dann fragen Sie: «Aus Ihrer Sicht?»

2. Eine Analyse

So. Und jetzt warten Sie einfach seelenruhig ab, was Herr Müller liefert. Auch hier sind verschiedene Szenarien denkbar.

Szenarium 1:
Sie fragen: «Nicht korrekt?»
Antwort Herr Müller: «Ja, ich habe hier in der Kolonne 4 gesehen, dass ...»

<u>Herr Müller hat tatsächlich recht</u> und weist Sie auf einen Fehler hin. Sie danken für seinen Hinweis und fahren weiter. Die Anerkennung aller Beisitzenden ist Ihnen gewiss! Denn nur die Wenigsten hätten so ruhig und kompetent wie Sie reagieren können und sich vielleicht sogar zu der einen oder anderen Rechtfertigung oder schnippischen Bemerkung hinreissen lassen.

<u>Herr Müller hat unrecht</u> und Sie erklären, wie das in der Kolonne 4 zu verstehen ist. Sie fragen zudem freundlich (nicht sarkastisch) nach, ob das für ihn so nachvollziehbar ist.

Antwort Hr. Müller: «Nun ja, eigentlich schon.»
Ihre Antwort: «Eigentlich?»
Antwort Hr. Müller: «Nun, irgendwie verstehe ich nicht, warum hier genau…»
Ihre Antwort: «Ich erkläre Ihnen das gerne im Nachgang dieser Sitzung, wenn das für Sie so o.k. ist.»
Antwort Hr. Müller: «Ja, danke.»

Fazit:
Gut, haben Sie gefragt. Gut, sind Sie ruhig geblieben. Gut, haben Sie nicht den Fehler begangen, sich vorschnell zu rechtfertigen. Souverän danken Sie für den Hinweis und fahren weiter.

Szenarium 2:
Sie fragen: «Aus Ihrer Sicht?»
Herr Müller erklärt seine Sicht und Sie erkennen, dass er entweder recht hat oder falschliegt. Entsprechend gehen Sie vor wie bei Szenarium 1.

Herr Müller erklärt seine Sicht, lässt jedoch durchblicken, dass er das ganz anders kalkuliert hätte.

Ihre Antwort: «Ganz anders?»
Antwort Hr. Müller: «Ja, und zwar so, dass…»

Auch hier wird er entweder einen brauchbaren Vorschlag unterbreiten oder aber er wird sich, sofern er sich einfach nur etwas wichtigmachen wollte, in Ungereimtheiten verlieren.

Fazit:
Gut, dass Sie gefragt haben. Gut, dass Sie ruhig geblieben sind und sachlich geklärt haben, was Herr Müller tatsächlich will. Sie haben dem Drang, sich vorschnell zu rechtfertigen, erfolgreich widerstanden. Sie haben zwar die innere Stimme gehört, die Ihnen suggeriert hat, dass es sich bei den Bemerkungen von Herrn Müller um Schikanen handelt. Doch Sie haben sie ausgeblendet.

Mit der Ein-Wort-Rückfrage-Methode haben Sie die Seiten gewechselt und sich von der egozentrierten Position gelöst. Mit diesem Wechsel in die kunden- oder partnerzentrierte Position konnten Sie ihn bis zu jener Stelle in Ihrem Dialog begleiten, an dem alles klar wurde.

Lesen Sie dazu auch [> Kapitel 8 – Die egozentrierte Kommunikation]
[> Kapitel 9 – Die kundenzentrierte Kommunikation]

2. Eine Analyse

Beispiel B:
Sie befinden sich im Büro einer potenziellen Kundin. Endlich haben Sie einen Termin erhalten. Sie präsentieren einen Geschäftsbereich, da werden Sie von Ihrer Gesprächspartnerin gefragt: «Kurze Frage: Sind Sie für diese Aufgabe auch kompetent genug?»

Wie reagieren Sie?
Könnte es sein, dass Sie spontan denken «Was glaubt die eigentlich, wen sie vor sich hat?» oder «Wie kommt sie darauf, dass ich nicht kompetent genug sei?»
(Zusätzliche Empfindungen aufgrund der Tatsache, dass Sie, sofern männlich, dies von einer Frau gefragt werden, oder umgekehrt, lassen wir hier aussen vor.)
Gedanken, die auf den ersten Blick nachvollziehbar sind. Doch nur auf den ersten Blick. Denn einmal mehr stellt sich die Frage Ihrer persönlichen Wahrnehmung. Was hat denn Ihre Gesprächspartnerin tatsächlich gefragt? Hat sie wirklich gesagt, dass sie an Ihrer Kompetenz zweifelt oder hat es sich vielleicht einfach nur so angefühlt?

Wenn wir jetzt nicht aufpassen, werden wir – auch wenn wir dies natürlich nicht offen zugeben würden – derart reagieren, dass unsere Art der Interpretation sichtbar wird.

Solche Antworten können sein:
«Nun, ich denke schon.»
«Aber sicher.»
«Sonst wäre ich wohl heute nicht hier.»
«Warum zweifeln Sie daran?»

Mit einer solchen Reaktion zeigen wir unserer Kundin, dass uns ihre Äusserung doch etwas überrascht hat oder wir sie sogar etwas persönlich nehmen.

Hier hilft uns die Ein-Wort-Rückfrage-Methode, vorerst auf einer absolut sachlichen Ebene zu ergründen, was Fakt ist.
Es bieten sich auch hier zwei Strategien:

1) Wenn es Ihnen um den allgemeinen Sachverhalt geht, fragen Sie: «Kompetent»?

2) Wenn Sie den Detailaspekt erklärt haben möchten, fragen Sie: «Genug?»

In beiden Fällen wird Ihnen Ihre Kundin umgehend erklären, warum sie gefragt hat und dabei werden Sie erkennen können, ob Ihre erste Vermutung, respektive Ihre Interpretation tatsächlich zutrifft.

Fazit:
Bevor wir interpretieren, sollten wir unserem Gesprächspartner die Gelegenheit geben, sich zu erklären, um das, was er soeben formuliert hat, zu präzisieren. Damit geben wir uns selber die Möglichkeit, zu erfahren, um was es sich wirklich handelt.

Stellen Sie sich vor, Ihre Kundin meint auf Ihre Frage:
«Nun, ich frage Sie aus dem Grund, weil ich in der Vergangenheit schlechte Erfahrungen gemacht habe mit Partnern, die in dieser Materie nicht sattelfest waren. Und ich will mich einfach hundertprozentig auf meine Partner verlassen können.»

Diese Antwort zeigt, dass die Frage der Kundin also keine Zweifel ausdrückt, sondern Hoffnung. Sie hofft, dass sie sich auf Sie verlassen kann.
Und nun können Sie sich ausmalen, wie jemand wirkt, der auf die erste Frage nach der Kompetenz mit einer der vorangehend aufgeführten Äusserungen antwortet.

Mit der Ein-Wort-Rückfrage-Methode haben Sie aber dafür gesorgt, wertvolle Zusatzinformationen rund um das Motiv Ihrer Kundin zu erhalten. Mit diesem neuen Wissen sagen Sie nun:

«Ich bin froh und auch dankbar, dass Sie das erwähnen. Es geht mir nämlich auch so, dass ich mich auf meine Partner verlassen können will. Gibt es einen speziellen Punkt, der diesbezüglich besonders wichtig ist für Sie?»

Wie kompetent und stark wohl diese Replik auf die Kundin wirkt? Es ist immer wieder erstaunlich, was Kunden uns offenbaren, wenn wir sie dazu einladen.

2.16 Üben, üben, üben

Nichts geht über das Üben. Ganz besonders bei der Ein-Wort-Rückfrage-Methode. Der Grund ist ganz einfach:
Ab und zu sagen mir Teilnehmende von Trainings, wenn wir uns zu einem weiteren Trainings-Modul treffen, dass sie noch nicht so Gelegenheit gehabt hätten, die Ein-Wort-Rückfrage-Methode anzuwenden. Das zeigt, dass sie gewisse Hemmungen haben, diese konsequent anzuwenden.

Zuerst steht da nämlich die eigene Überwindung. Auch wenn die Anwendung wirklich, wirklich einfach ist, hat doch hin und wieder der eine oder andere den Eindruck, dass das doch gar nicht so einfach gehen kann. Und genau diese Meinung reicht, damit sie es nicht ausprobieren.

Wenn sie dann aber erst einmal ausprobiert und erlebt haben, wie einfach diese Ein-Wort-Rückfrage-Methode angewandt werden kann, dann sind die meisten nicht mehr zu bremsen.
Und mit jeder Anwendung wird auch Ihnen bewusst werden, wie

schnell Sie genau jene Informationen erhalten, die Sie sonst nur auf Umwegen erfahren hätten.

Daher gilt die Devise:
Einfach anwenden und staunen. Testen Sie die Ein-Wort-Rückfrage-Methode allzeit, überall und mit jedem. Sie werden sehen, wie Ihr Umfeld Ihnen sofort zusätzliche Informationen liefert.

Mit Freunden, wenn Sie gefragt werden:
«Kommst du mit ins Kino?»
«Ins Kino?»
«Ja, der neue James Bond Film soll super sein.»

Wenn Sie gefragt werden:
«Hast du Lust auf Pizza?»
«Pizza?»
«Ja, ich war schon lange nicht mehr beim Italiener.»

Wenn jemand sagt:
«Das war wirklich einmalig gestern!»
«Einmalig?»
«Ja, es war nämlich so, dass …»

Und wie gesagt:
Sollte tatsächlich ein Kunde fragen: «Was fragen Sie so blöd?», dann rufen Sie mich bitte umgehend an unter +41 79 215 46 55. Ich warte seit Jahren auf den Anruf …

3 Die Motive des Kunden
und wie die Ein-Wort-Rückfrage-Methode uns hilft, diese zu erfahren

Warum haben Sie dieses Buch gekauft? War es reine Neugierde oder haben Sie ganz bewusst nach einer Lösung für ein Problem gesucht? Haben Sie davon gelesen oder gehört? Oder gab es einen anderen Grund? Müssig, darüber zu diskutieren, denn eines ist klar: Ihrer Handlung, dieses Buch zu kaufen und zumindest bis hierhin zu lesen, liegt ein Motiv zugrunde.

3.1 Warum wir uns bewegen

Frage: Haben Sie sich schon mal darüber Gedanken gemacht, wann und aus welchem Grund Sie sich überhaupt bewegen? Oder anders gefragt: Wann sind wir Menschen überhaupt bereit, uns zu bewegen. Und wann sind wir bereit, für Bewegung Energie zum Beispiel in Form von Kraft, Zeit und Geld aufzuwenden? Was braucht es genau, um uns in Bewegung zu versetzen? Sind es Interesse, Neugierde oder andere Auslöser, die uns antreiben?

Diesen Ursachen auf den Grund zu gehen, hilft uns, den Menschen in seinem Denken und Tun besser zu verstehen. Wenn wir die Gründe kennen, warum ein Kunde etwas auf die eine oder andere Art sagt, fragt oder auf diese oder jene Art entscheidet, vereinfacht uns dieses Wissen den Zugang zum Kunden massiv.

Dabei geht es nicht nur um unsere physische Bewegung im Sinne einer Fortbewegung von A nach B, sondern eben auch um psychische Bewegung, zum Beispiel in Form von Entscheidungen. Jeder Mensch sagt, schreibt oder tut etwas immer nur dann, wenn ein entsprechendes Motiv vorliegt. Ohne entsprechendes Motiv bewegen wir uns nicht. Und auch dieser Entscheid entspringt einem Motiv.

> *Alles, was wir tun oder nicht tun, entspringt einem Motiv.*

3.2 Motiv oder Bedürfnis?

Oft wird anstelle des Begriffes «Motiv» auch gerne der sinnverwandte Ausdruck «Bedürfnis» verwendet. Beide Begriffe lassen sich heute sehr genau definieren und beschreiben. Und auch wenn sie sich in ihrer Struktur, Wirkungsweise und Sichtbarkeit gewiss unterscheiden, weisen sie im Grunde alle auf das gleiche Ziel hin: Auf das, was uns bewegt, was uns antreibt.

Darum verwende ich auch gerne einen weiteren Terminus, den uns die deutsche Sprache liefert, und die ganze Frage nach der richtigen Interpretation oder Wortwahl vereinfachen kann. Dies ist der Begriff «Beweggrund». Er beschreibt präzise, um was es genau geht: nämlich um den Grund, warum wir uns bewegen.

Wenn ich also fortan alle drei Begriffe verwende, dient das einzig dem Zweck, Sie nicht immer mit dem gleichen Ausdruck langweilen zu wollen.

3.3 Wann wir uns bewegen

Um zu verstehen, wie Kunden / Menschen entscheiden, welche Kriterien sie hinzuziehen, welche Gedanken zu einem Entscheid führen und wie wir sie dabei unterstützen können, ist es von Vorteil, zu wis-

3. Die Motive des Kunden

sen, nach welchen Regeln und Instruktionen sich Menschen bewegen.

Wie eben erfahren, bewegen wir uns immer dann, wenn wir ein Motiv, ein Bedürfnis oder eben einen Beweggrund haben. Zusammengefasst gibt es nur zwei Gründe:

Wir müssen.	**Wir wollen.**
Beispiele:	Beispiele:
Hunger	Pommes mit Mayo
Durst	Feierabendbier
Schlaf	Chillen am Sonntag
Flucht / Angst	Interesse, Hobby
WC	Arbeit
	«Angebot»

WEG VON →   HIN ZU →

Entweder müssen wir uns bewegen oder wir wollen uns bewegen. Ein Zwischending gibt es nicht. Was natürlich möglich ist, ist die Meinung, dass wir müssen, weil wir keine absehbare Alternative erkennen. Es kann auch sein, dass wir zwischen zwei «Übeln» wählen müssen. Da greift dann ein weiterer Mechanismus, den wir gleich nachfolgend ansehen werden.

Ein Beweggrund kann also sowohl positiv als auch negativ sein. Und es ist unschwer zu erkennen, welche Art der Bewegung für uns Menschen wohl die angenehmere ist.
Der philosophische Ansatz, der davon ausgeht, dass wir dennoch alles in letzter Instanz irgendwie selber entscheiden, also auch Dinge,

die wir müssen, ist nicht von der Hand zu weisen. Wir können immer darauf verzichten, etwas zu tun, das von uns verlangt wird. Solange wir mit den Konsequenzen zurechtkommen, bleibt das in unserem Ermessen. So brauchen wir keine Steuern zu zahlen, sofern wir mit den Folgen leben können. Bricht jedoch in unserem Haus Feuer aus, hat sich auch diese Diskussion rasch erledigt.

3.4 «Weg von» oder «hin zu»

Die Motive in der linken Spalte üben Druck auf uns aus. Sie stehen für einen Zustand, den wir, so gut es geht, vermeiden wollen. Wir wollen «weg von» diesem Zustand. Alles, was uns bedrängt und auf uns Druck ausübt, empfinden wir als äusserst unangenehm.

Auch als Kunde kennen wir dieses Gefühl nur allzu gut: Wenn nämlich jemand versucht, uns etwas anzudrehen, das wir nicht wollen, und auch nach unserem dritten Nein immer noch weiter Druck macht. Wie wesentlich angenehmer wäre es also, wenn jemand nicht Druck ausüben, sondern sich tatsächlich für unsere Motive interessieren würde! Er bräuchte ja nur danach zu fragen.

Solange wir ein Motiv als positiv empfinden, wirkt es auf uns wie ein Sog. Wir wollen «hin zu» diesem Ziel. Es zieht uns beinahe magisch an, macht uns neugierig, lädt uns ein. Entsprechend «motiviert» machen wir uns auf den Weg. Das kann der Weg zu einem Imbissstand sein oder der Weg zum Master-Abschluss als Biomedizinal-Ingenieur.

Natürlich gibt es auf dem Weg zu einem längerfristigen Ziel immer wieder Momente, in denen wir nicht wirklich motiviert sind. Der Sinn steht uns nach anderen Dingen. Daher ist es völlig normal, dass wir auch da zwischendurch mal keinen Bock haben. Solange das

3. Die Motive des Kunden

langfristige Ziel genügend Anziehungskraft entwickelt, werden wir unseren Fokus dennoch nicht verlieren.

In dem Moment, in dem sich in uns ein Bedürfniss manifestiert, spielt es keine Rolle, ob dieses intrinsisch motiviert ist, also aus unseren eigenen Gedanken und Wünschen erwachsen ist, oder extrinsischer Natur ist, also ob jemand uns einen Beweggrund von aussen – zum Beispiel in Form eines Angebotes – offeriert hat.

🔍 Lesen Sie dazu auch [> 4.1 – Das Nutzen-Denken]

Bei Gründen, deren Nutzen offensichtlich ist, wie z. B. Flucht, wird der Nutzen nicht hinterfragt. Da werden wir blitzschnell reagieren.

Doch immer dann, wenn wir frei entscheiden können, ob wir uns bewegen wollen oder nicht, werden wir uns immer – meist unbewusst – fragen, was es denn wohl bringen mag, diesem Bedürfnis nachzugehen. Wir wollen also immer schon im Voraus wissen, wie gross der daraus resultierende Nutzen für uns sein wird. Ist der absehbare Nutzen nämlich nicht stark genug im Verhältnis zur Energie im Sinne von Weg, Zeit, Umstände, Geld, usw., die wir dafür aufwenden müssen, werden wir es sein lassen.

🔍 Lesen Sie dazu auch [> Kapitel 4 – Die Nutzen, die der Kunde sucht]

Es reicht also bereits der Glaube daran, die innere Überzeugung, dass es sich lohnt, um einem Motiv nachzugeben.
Haben wir diesbezüglich bereits positive oder negative Erfahrungen gemacht, steuern diese Erkenntnisse unseren Entscheid zusätzlich mit.

3.5 Die Instruktionen der Natur

Da jede Art von Bewegung eine gewisse Menge an Energie benötigt, und Energie nicht unbeschränkt zur Verfügung steht, gilt es, damit haushälterisch umzugehen. Aus diesem Grund folgt jeder Organismus den drei Hauptinstruktionen der Natur:
Verwende Energie dann, und nur dann, wenn es absolut notwendig ist für:

- Nahrungsaufnahme
- Flucht / Verteidigung
- Arterhaltung / Fortpflanzung

Für uns Menschen gilt eine leichtere und auch etwas weiterentwickelte Abwandlung davon, nämlich: Verwende deine Energie in Form von Bewegung, Zeit und Geld nur dann, und wirklich nur dann, wenn du damit einen Nutzen generieren kannst.

Das Zusammenspiel von Motiven untereinander und wie sie auf uns einwirken, wird seit vielen Jahren in beeindruckender Art und Weise von Professor Dr. Hans-Georg Häusel (Dipl. Psychologe) erforscht und beschrieben. Er ist Vordenker des Neuromarketings und zählt international zu den führenden Experten in der Marketing-, Verkaufs- und Management-Hirnforschung. Wenn Sie mehr über unser limbisches System, das all unsere Entscheide steuert und koordiniert, erfahren möchten, empfehle ich Ihnen seine Werke.

3.6 Die fünf Kernmotive

Zwischen all diesen Motiven unterscheidet die Wissenschaft fünf sogenannte Kernmotive. Wie bei allen anderen Motiven entstehen auch durch die Befriedigung dieser Motive Nutzen:

Kernmotiv	Nutzen
Komfort	einfach, bequem, praktisch, wenig Aufwand, entlastend, unkompliziert, kein Stress, schnell, u.a.m.
Freude	sich vergnügen, geniessen, sich etwas gönnen, sich unterhalten, sich überraschen, verwöhnen lassen, u.a.m.
Ansehen	Anerkennung, Geltung, Respekt erfahren; sich stark, erhaben, mächtig, dominant fühlen; gewinnen, siegen; sich bestätigt, geehrt, respektiert fühlen, u.a.m.
Sicherheit	sicher sein, Klarheit haben, kein Risiko eingehen, umsorgt und behütet werden, Stabilität erfahren, u.a.m.
Gewinn	Geld und Zeit sparen, Vorteile erhalten, effizient sein, Gelegenheiten nutzen, u.a.m.

3.7 Wie die Ein-Wort-Rückfrage-Methode uns hier zusätzlich unterstützt

Jeder Entscheid, den wir fällen, entstammt also immer einem Motiv. Darum ist es für eine kunden- oder partnerzentrierte Kommunikation ein absolutes Muss, das Motiv eines Menschen zu erforschen, das ihn dazu gebracht hat, etwas zu denken, zu sagen oder zu tun. Der beste und schnellste Weg, das Motiv des Kunden zu erfahren, führt über die Ein-Wort-Rückfrage-Methode.

Wenn wir achtsamer und partnerorientierter kommunizieren möchten, dann ist es zwingend, auf die Motive des Partners einzugehen, die seinen Worten und seinem Verhalten zugrunde liegen. Mit der Ein-Wort-Rückfrage-Methode verfügen Sie über ein äusserst effektives Werkzeug, genau dies zu veranlassen. Oft reicht tatsächlich nur eine Frage. Es ist verblüffend, wie schnell wir die Beweggründe erfahren, allein schon aus dem bereits erwähnten psychologischen Grund, weil wir mit dieser Frage dem Gesprächspartner signalisieren, dass wir uns für ihn interessieren.

Viele Gespräche verlaufen heutzutage sehr oberflächlich, weil wir nicht die Zeit finden (wollen), um Gesagtes zu hinterfragen. Eine motivorientierte Kommunikation fördert jedoch immer Informationen zutage, die uns helfen, den Partner in seinem Tun besser zu verstehen.

Mit der Ein-Wort-Rückfrage-Methode laden wir unseren Gesprächspartner ein, uns mehr über den Grund zu erzählen, warum er gerade jenes Wort verwendet hat und was er mit diesem Wort genau sagen wolle. Kurz: Er liefert uns sein Motiv.

Und wenn wir sein Motiv kennen und verstehen, können wir ihm präzise das anbieten und geben, was er wirklich sucht. Dabei vermeiden wir jede Art des Druckverkaufs und lassen den Kunden / Gesprächspartner entscheiden, was er uns in der Folge als Nutzen präsentiert, den er sich erhofft. Sei dies durch eine Zusammenarbeit, durch einen Kauf, eine Buchung, einen Abschluss welcher Art auch immer.

Der Kunde sagt uns in der Regel sehr gern, was sein Motiv ist. Und wenn wir spezifisch danach fragen, indem wir – und dafür eignet sich die Ein-Wort-Rückfrage-Methode perfekt – einfach nur aufgreifen, was er uns gerade mitgeteilt hat, wird er sein Motiv Schritt für Schritt präzisieren.

Wenn wir ihn hier achtsam begleiten, wird er uns zudem seine Nutzen aufzeigen, die er für einen Entscheid braucht. Sollte er uns sein Motiv nicht verraten wollen – was nur sehr selten der Fall sein wird – wird er auch diesen Wunsch entsprechend kommunizieren.

3. Die Motive des Kunden 75

Natürlich wäre es auch sehr spannend, gerade diesem speziellen Beweggrund nachzugehen.

Der Kunde verrät uns also sein Motiv vor allem deswegen, weil wir ihn danach gefragt haben. Es ist lapidar, doch genauso verhält es sich im Alltag. Und das nicht mittels einer psychologisch ausgetüftelten Fragestrategie, sondern einfach mittels eines einzigen Wortes. Dem Wort, das der Kunde uns in seiner Bemerkung frei Haus geliefert hat.

Den Beweggrund eines Menschen zu kennen, ist die Basis für jedes harmonische und konstruktive Gespräch. Auch dazu verhilft Ihnen die Ein-Wort-Rückfrage-Methode.

4 Die Nutzen, die der Kunde sucht
und wie die Ein-Wort-Rückfrage-Methode uns hilft, diese zu erkennen

Jeder Bewegung, die der Mensch physisch und psychisch ausführt, liegt ein Motiv, ein Bedürfnis zugrunde. Auch wenn dieser Beweggrund ein positiver ist, braucht es noch ein entscheidendes Element.

4.1 Das Nutzen-Denken

Nur weil ein Motiv vorhanden ist, nur, weil wir etwas wollen, bedeutet das noch lange nicht, dass wir uns automatisch bewegen. Neben dem reinen Motiv, das – wie wir gesehen haben, intrinsisch oder extrinsisch sein kann – braucht es ein weiteres, entscheidendes Element, damit wir uns bewegen.

Es ist die Frage, in welcher Weise wir der adaptierten Form der drei Instruktionen der Natur gerecht werden können, die wie gesehen lauten: Verwende deine Energie in Form von Bewegung, Zeit, und Geld nur dann, und wirklich nur dann, wenn du damit einen Nutzen generieren kannst.

Lesen Sie dazu auch [> 3.5 – Die Instruktionen der Natur]

Bei jeder Diskussion und vor jeder noch so unscheinbaren Entscheidung läuft also in unserem Unterbewusstsein die Frage ab, ob das, was wir hören, das, was jemand tut, sowie das, was wir selber zu tun gedenken, uns in irgendeiner Form einen Nutzen bringt. Entsprechend werden wir uns ausdrücken, danach fragen oder danach handeln.

4. Die Nutzen, die der Kunde sucht

Nehmen wir einmal an, dass Sie heute oder morgen eine Freundin anruft und fragt, ob Sie spontan Lust hätten, mit ihr in der Stadt etwas Trinken zu gehen. Wenn Sie nun nicht innert Sekundenbruchteilen spontan zusagen, vielleicht auch nur ganz kurz zögern, dann sind Sie bereits mitten in Ihrer unbewussten Nutzen-Analyse.

Dieses unbewusste oder manchmal auch bewusste Abwägen der Vor- und Nachteile Ihres Entscheides könnte in diesem Fall folgende Fragen beinhalten:

- Warum soll ich mich ganz generell mit ihr treffen?
- Welche Energie benötige ich …
    - …um mich anzuziehen?
    - …um mit dem Auto in die Stadt zu fahren?
    - …um einen Parkplatz zu finden?
    - …um vom Parkplatz an den Treffpunkt zu gelangen?
- Will ich wirklich noch raus?
- Bleibe ich nicht lieber zuhause?
- Was wollte ich denn heute noch alles tun?
- Wie stark wirken in mir die Motive Komfort und Neugierde?

Diese Fragen verfolgen nur ein einziges Ziel: Den potenziellen Nutzen sichtbar zu machen, der entsteht, wenn wir unserem Motiv folgen. Wir brauchen immer – ohne Ausnahme – einen erkennbaren Nutzen. Ohne sichtbaren Nutzen bewegen wir uns nicht. Natürlich stellen wir uns diese Fragen meist nicht laut, auch nicht leise – wir stellen sie uns unbewusst.

Lassen Sie diesen Satz ruhig etwas auf sich wirken. Denn er hat es wahrlich in sich. Tatsächlich unternehmen wir nichts, bewegen uns keinen Millimeter, (ausser natürlich, wenn wir müssen oder glauben, dass wir müssen) wenn wir in dieser Bewegung keinen Nutzen erkennen. Kein Nutzen – keine Bewegung, so einfach ist das, denn:

> *Alles, was wir tun, tun wir nur,*
> *wenn wir einen Nutzen darin erkennen.*

4.2 Was habe ich davon?

Wenn unsere Bilanz, aus welchem Grund auch immer, nicht positiv ist, wird auch unsere Antwort nicht positiv ausfallen. Dann werden wir beispielsweise vorschlagen, uns doch am nächsten Tag zu treffen. Wenn nun Ihre Freundin wiederum nicht sofort zusagt oder einfach selber noch kurz überlegt, ist auch sie bereits in der Nutzen-Analyse.

Jedes Mal, wenn wir also etwas zu tun beabsichtigen, jedes Mal, wenn wir etwas kaufen wollen, jedes Mal, wenn wir uns für oder gegen etwas entscheiden müssen, fragen wir uns, welchen Vorteil wir daraus gewinnen können. All diese und weitere Fragen rund um den Sinn und Zweck einer Entscheidung können in einer einzigen zusammengefasst werden, die lautet:

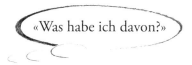

«Was habe ich davon?»

Dieses Verhalten ist in keiner Weise verwerflich oder gar negativ zu bewerten. Es ist das alltägliche Verhalten von uns Menschen, einmal mehr geprägt und gesteuert von den drei Hauptinstruktionen der Natur. Es ist ganz normal. Alles, was wir entscheiden, kaufen, erledigen, planen und tun, machen wir nur, wenn wir einen Nutzen erkennen.

Lesen Sie dazu auch [>Kapitel 8 – Die egozentrierte Kommunikation]

Haben wir zum Beispiel Lust auf ein erfrischendes Getränk, ist unser Primärmotiv Genuss. Der Nutzen ist dann gegeben, wenn wir das Getränk mögen, weil es uns genauso erfrischt, wie wir das erwartet haben.

Wie wir unter Punkt 3.5 gesehen haben, wird aus einem Motiv immer ein Nutzen erhofft und abgeleitet. Oder anders ausgedrückt:

> *Es entsteht immer dann ein Nutzen, wenn ein Motiv erfüllt wird.*

Korrekterweise gilt es festzuhalten, dass es bereits ausreichen kann, dass wir den Nutzen vorerst nur erahnen oder erhoffen. So kaufen wir ein Produkt in der Hoffnung, dass wir damit zufrieden sind. Wären zu diesem Zeitpunkt unsere Erwartungen nur gering, würden wir das Produkt sehr wahrscheinlich gar nicht kaufen. Erfahrungen und Hoffnungen sorgen dafür, dass wir potenzielle Nutzen sehr individuell bewerten.

Was für uns ein absolutes Muss für einen Nutzen darstellt, ist für jemanden anderen nicht der Rede wert. Je mehr Nutzen wir für einen Kunden sichtbar machen können, desto eher wird er mit unserem Angebot einverstanden sein.

Stellt sich daher einzig noch die Frage, auf welchem Weg wir erfahren, welche Nutzen der Kunde sucht, was er genau will und braucht.

4.3   Die Gedanken des Kunden

Wir müssen wissen, was der Kunde braucht. Erahnen oder glauben zu wissen, reicht nicht. Doch ohne hier den vielen motivierten und arrivierten VerkäuferInnen und KundenberaterInnen zu nahe treten zu wollen, liegt genau hier der berühmte Hund begraben. Solange wir nur meinen oder glauben, die Gedanken des Kunden zu kennen, werden wir die wahren Motive und die damit verbundenen Nutzen nie erfahren.

Doch einen zentralen Gedanken des Kunden kennen wir nun ja sehr wohl. Denn ob der Kunde sich mit uns über ein Produkt unterhält, ob wir ihm unsere Firma präsentieren oder ob er nur kurz eine telefonische Auskunft von uns will – bei all diesen Interaktionen hat der Kunde nur diese eine Frage im Kopf, nämlich: «Was habe ich davon?»

Was habe ich davon, wenn der Berater / die Beraterin…

… nicht auf meine Fragen eingeht, sondern mehrheitlich argumentiert und sich rechtfertigt?

… immer wieder versäumt, mir die versprochenen Unterlagen zuzustellen?

… mir keine Nutzen aufzeigt, sondern immer nur von den Produktvorteilen schwärmt?

… mich gar nicht gefragt hat, ob ich seine Firmenpräsentation über mich ergehen lassen will?

… mich laufend unterbricht oder gar meine Sätze selber beendet?

… meine Fragen als Vorwürfe oder Einwände interpretiert?

… mich mit meinen Anliegen nicht ernst nimmt?

Kommt dazu, dass wir nicht einmal in der gerade beschriebenen Form kommunizieren müssen. Es reicht bereits, wenn der Kunde dies so interpretiert, respektive empfindet.

4.4 Nutzen, Nutzen, Nutzen – immer?

Dieser Abschnitt könnte auch nur aus folgender Antwort bestehen: Ja. Dennoch dazu ein paar Erklärungen. Alles, was wir tun, tun wir nur dann, wenn wir daraus einen Nutzen eruieren können. Vielleicht werden Sie jetzt einwenden, dass wir alle doch immer wieder auch Dinge tun, die uns keinen sichtbaren Nutzen bringen.

So engagieren wir uns für andere, helfen Kollegen beim Zügeln, besuchen Freunde im Spital, machen Besorgungen für die Eltern und vieles mehr. So wertvoll diese Tätigkeiten auch sind, so verdienstvoll und wichtig – so sind sie doch alle nutzenorientiert. Der Instruktion der Natur sei Dank.

Wir helfen jemandem und setzen uns für jemanden ein, gerade weil wir uns dabei gut fühlen. Wir unterstützen jemanden, besuchen jemanden, weil es uns ein Bedürfnis ist, ihm zu zeigen, dass wir für ihn da sind. Indem wir diesem Bedürfnis nachgehen, entsteht für uns der Nutzen, zu wissen, dass wir helfen und unterstützen. Ein weiterer Nutzen entsteht durch die Erkenntnis, dass unsere Hilfe auch geschätzt wird. Und das vermittelt uns ein gutes Gefühl.

 *Lesen Sie dazu auch [> Kapitel 5 – Die Emotionen des Kunden]*

4.5 Der Preis-Leistungs-Irrtum

Aus der Erkenntnis, dass wir also für einen Entscheid immer einen erkennbaren Nutzen brauchen, lässt sich folgern, dass wir ohne sichtbaren Nutzen auch keine Produkte einkaufen. Längst haben wir uns daran gewöhnt, unseren Einkaufswagen mit allerlei Waren zu füllen, ohne gross darüber nachzudenken.

Viele Produkte finden den Weg in unseren Wagen beinahe automatisch. Bei anderen Produkten wählen wir ab und zu zwischen mehreren Angeboten. Andere wiederum interessieren uns nicht. Doch wie funktioniert das genau?

Unser Nutzen-Denken ist auch hier für unser gesamtes Einkaufsverhalten verantwortlich. Denn auch hier gilt: Was uns keinen erkennbaren Nutzen bringt, kommt nicht in den Wagen. Punkt. Schluss.

Produkte, die seit Jahr und Tag zu unserem Basissortiment zählen, werden deshalb nicht gross hinterfragt, weil deren Nutzen uns bestens bekannt ist. Neue Produkte oder Aktionen hingegen können unser Interesse wecken, müssen aber unmittelbar auch Nutzen sichtbar machen. Ansonsten lassen wir sie links liegen.

«Neu» steuert auf unser Kernmotiv Neugierde. Wir sind interessiert und schauen uns das neue Produkt an. Was auf den ersten Blick einladend erscheint, muss nun auch dem zweiten Blick standhalten. Welchen Nutzen stellt uns das neue Produkt in Aussicht? Und hier entscheidet es sich: Wenn wir einen Nutzen erkennen oder uns einen erhoffen, besteht eine gute Chance, dass wir das Produkt kaufen. Dabei spielt es keine Rolle, in welcher Art sich der Nutzen zu materialisieren hat.

«Aktion» steuert auf unser Kernmotiv Gewinn. Wenn es ein Produkt ist, welches wir normalerweise auch zum regulären Preis einkaufen, dann werden wir den Nutzen durch das Sparen von Geld rasch erkennen und die Chance ist gross, dass wir zugreifen.

Diese beiden einfachen Beispiele zeigen, wie wir uns ausschliesslich

4. Die Nutzen, die der Kunde sucht

durch unsere Motive steuern lassen. Dazu die folgende Frage: Achten Sie beim Einkauf auch ab und zu auf ein interessantes, ausgewogenes, attraktives – oder wie auch immer wir es nennen wollen – Preis-Leistungs-Verhältnis? Wenn Sie jetzt Ja sagen, zählen Sie klar zu jener Mehrheit, die ein gutes Preis-Leistungs-Verhältnis zu schätzen weiss und nicht immer nur auf das Billigste im Regal schielen. Schliesslich und endlich wollen wir für unser Geld auch gute Leistung. Das ist auch absolut in Ordnung.

Diese allgemeine Forderung an die Marktwirtschaft und an all jene, die täglich mit Produkten und Dienstleistungen um unsere Gunst werben, ist nachvollziehbar und wird von vielen Firmen mit bestem Wissen und Gewissen beherzigt. Und alle, die schon einmal den einen oder anderen Kurs in Wirtschaft oder auch Konsumverhalten belegt haben, werden dem zustimmen. Das ist zwar gut gemeint, doch an sich völlig irrelevant, also nicht entscheidend. Oder anders ausgedrückt:

> *Das beste Preis-Leistungs-Verhältnis nützt nix, wenn mir das Produkt keinen Nutzen bringt!*

Will heissen: Wenn wir ein Produkt nicht brauchen, es nicht mögen, wenn es uns nicht gefällt und es uns somit keinen sichtbaren Nutzen liefert, werden wir es nicht kaufen! Auch dann nicht, wenn es zu einem attraktiven Preis angeboten wird. (Natürlich gibt es auch hier eine Ausnahme, wie Sie gleich unter 4.7 nachlesen können).

Bevor Sie nun die Hände über dem Kopf zusammenschlagen, hier die Auflösung: Wir sprechen zwar alle von diesem Preis-Leistungs-Verhältnis, doch in unseren Köpfen existiert ein solches Denken gar nicht. Wir glauben zwar, dass wir beim Einkaufen den Preis mit der Leistung vergleichen. Doch das ist ein Trugschluss. In Tat und Wahrheit vergleichen wir den Preis immer mit dem Nutzen!

Und zwar mit dem Nutzen, den wir durch den Kauf eines Produktes zu erzielen hoffen. Das, was also in unseren Köpfen steckt, ist ein Preis-Nutzen-Denken. Und damit ändert sich so ziemlich alles.

4.6 Lacoste, Champagner & Gorgonzola

Wäre dem nicht so, und würden wir tatsächlich nach dem Preis-Leistungs-Verhältnis einkaufen, so würden wohl sämtliche Anbieter von Luxusgütern innert Monaten Konkurs anmelden müssen. Wer würde da noch ein T-Shirt von Lacoste kaufen, wenn er die gleiche Qualität (Leistung) zu einem Drittel des Preises einkaufen könnte?

Wer würde noch einen sündhaft teuren Jahrgangs-Dom Pérignon erstehen, wenn er sich das gleiche Prickeln auch für einen erschwinglichen Preis leisten kann, ohne einen Kleinkredit aufnehmen zu müssen?

Und der Gorgonzola? Das wohl anschaulichste Beispiel liefert uns der Gorgonzola. Nehmen wir mal an, Sie können den Geruch dieses italienischen Blauschimmelkäses nicht ausstehen. Wenn doch, dann denken Sie an ein Lebensmittel, das Sie niemals essen würden.

Würden Sie nun streng nach den Regeln des Preis-Leistungs-Prinzips handeln, dann würden Sie immer dann an der Käse-Theke zuschlagen, wenn der Gorgonzola 50 % preisreduziert angeboten wird. Doch das werden Sie nicht tun. Warum auch? Der Gorgonzola stinkt ja nicht um 50 % weniger, nur weil er um die Hälfte günstiger zu haben ist!

Sie würden doch nie ein Produkt kaufen, dessen Nutzen für Sie nicht erkennbar ist, nur weil der Preis tief ist! Kommt dazu, das wir oft gar nicht in der Lage sind, ein Produkt preislich richtig einzuschätzen, da wir es zu wenig verstehen. Dazu gleich noch mehr.

4.7 Das liebe Geld!

Es gibt wohl nichts Emotionaleres als Geld! Denn mit Geld lassen sich all unsere Bedürfnisse mehrheitlich befriedigen. Und damit sind wir auch schon bei besagter Ausnahme.
Natürlich spielt das Geld, oder eben der Preis, den wir für ein Gut zu bezahlen bereit sind, bei der ersten Auswahl eine wichtige Rolle. Es macht durchaus Sinn, im Vorfeld eines Kaufs Preise zu vergleichen.

Doch damit hat es sich auch schon fast. Denn wenn wir vergleichen, werden wir wohl kaum einen Plastik-Ring mit einem Zehnkaräter vergleichen. Immer dann, wenn sich der Preis selber zu unserem grössten Nutzen entwickelt, sollten wir daher als Kunde vorsichtig agieren.

Ein attraktiver Preis ist unbestritten ein starkes Verkaufsargument. Doch nur dann, wenn auch die anderen Argumente zu überzeugen wissen, sprich Nutzen sichtbar machen. Denn:

> *Wird der Preis zum einzigen Nutzen, haben Schnäppchen Hochsaison!*

Wird der Preis allein für einen Kaufentscheid massgebend, laufen wir Gefahr, andere Nachteile auszublenden. Wir glauben zwar, im Moment ein Schnäppchen zu machen. Doch im Nachhinein werden wir feststellen, dass sich der Kauf nicht wirklich gelohnt hat. Wer schon mal in einem Ein-Euro-Markt Papiertaschentücher eingekauft hat, um dann festzustellen, dass er die gleiche Menge tatsächlich beim Apotheker um die Ecke zu einem noch tieferen Preis hätte erstehen können, weiss, wovon ich rede.

Zu gerne lassen wir uns durch einen tiefen Preis zu einem Schnäppchenkauf verleiten. Das kann ja auch mal ganz o.k. sein. Man gönnt sich ja sonst nichts. Entscheidend für einen Kauf wird jedoch immer die Frage nach dem Nutzen bleiben.

Wenn wir selber als Kunde keinen Nutzen erkennen oder es dem Anbieter nicht gelingt, uns einen Nutzen aufzuzeigen, werden wir sein Angebot kaum annehmen. Das ändert sich auch dann nicht, wenn er uns von den Vorzügen des Angebotes überzeugen will.

Da sich der Kunde jedoch nichts aus den Produktvorteilen macht, sondern nur wissen will, welche Nutzen ihm diese Vorteile bringen, drehen sich viele Verkäufer und Kundenberater hier im Kreis.

Wir werden in der Kundenberatung immer dann erfolgreich sein, wenn es uns gelingt, den Nutzen für den Kunden sichtbar zu machen, welchen er durch den Erwerb unserer Produkte oder Dienstleistung generiert.

4.8. Das Phänomen der Wertschätzung

Wie vorher kurz erwähnt, sind wir sehr oft gar nicht in der Lage, ein Produkt oder eine Dienstleistung wirklich zu wertschätzen, da uns dazu schlicht das nötige Wissen fehlt. Und wenn wir eine Leistung nicht einordnen können, dann ist der Preis dafür an sich immer zu hoch! Umso mehr sollten wir in der Kundenberatung den Fokus daher nicht auf unsere Angebote legen, sondern auf die Nutzen, die unser Angebot dem Kunden bieten kann. Denn nur diese Nutzen interessieren ihn. Sonst nichts.

4.9 Wie die Ein-Wort-Rückfrage-Methode uns hier zusätzlich unterstützt

Menschen denken und handeln nach dem Nutzen-Prinzip. So auch unsere Kunden. Alles, was wir tun, wird vom Kunden nach Nutzen durchforstet. Je mehr Nutzen wir ihm in einem Gespräch aufzeigen können, desto eher wird er bereit sein, mit uns abzuschliessen.

Je mehr Nutzen er in einem Gespräch mit uns erkennt, als desto wertvoller für ihn wird er dieses Gespräch empfinden. Immer dann, wenn der Kunde uns etwas mitteilt, tut er dies aus einem bestimmten Beweggrund. Es geht also nicht darum, direkt darauf zu antworten, sondern zu erfahren, was er genau damit ausdrücken will.

Dies aus dem einfachen Grund, dass er uns dadurch sein Motiv mitteilt und im Anschluss daran die Nutzen, die er braucht, um sein Motiv zu befriedigen!

Natürlich können wir im Verkauf seitenweise Argumente und Produktvorteile auswendig lernen. Wie oft haben Sie es selber schon erlebt, dass Sie als Kunde mit Argumenten und Vorteilen nur so eingedeckt wurden und dennoch nicht überzeugt waren? Doch es geht auch viel einfacher, viel entspannter und viel schneller: Wir fragen den Kunden direkt nach seinen Nutzen!

Und zwar mit der Ein-Wort-Rückfrage-Methode. So wie wir sein Motiv mit einer einzigen Frage eruieren können, so werden wir in der Folge auch mit Fragen seine Nutzen in Erfahrung bringen. Mit drei bis vier Fragen sind Sie in der Regel beim Nutzen des Kunden angelangt. Das Schema bleibt dabei stets das gleiche.

Es versteht sich von alleine, dass wir im Verlaufe des Gespräches die vielfältigsten Fragevarianten anwenden können, solange sie zielführend sind.

Der Einstieg in diesen speziellen kundenzentrierten Dialog wird durch die Ein-Wort-Rückfrage-Methode jedoch enorm erleichtert.

5 Die Emotionen des Kunden
und wie die Ein-Wort-Rückfrage-Methode uns hilft, diese zu wecken

So wie Emotionen unsere Reaktionen steuern, so sind sie auch für unsere Entscheidungen verantwortlich. Das heisst, dass rund 90 % unserer Entscheide unbewusst über unsere Emotionen gesteuert werden.

5.1 Nur zwei Dinge

Ob wir uns für etwas oder gegen etwas entscheiden, steht und fällt mit dem Motiv, den daraus resultierenden Nutzen und den damit verbundenen Emotionen.
Je wichtiger oder dringender etwas für uns ist, desto eher werden wir uns dafür oder dagegen entscheiden. Das heisst nichts anderes, als dass sich unser Gehirn nur für Dinge interessiert, die uns emotional bewegen. Was uns emotional nicht erreicht, wird nicht beachtet. Keine Emotion, kein Entscheid.

So wie wir uns nur aus zwei Gründen bewegen, so brauchen wir für einen Entscheid ebenfalls zwei Dinge. Dazu die folgende Frage:

> Was erwarten Sie von einem perfekten Einkaufserlebnis?

- Wenn Sie einen Einkauf tätigen, was ist Ihnen dabei wichtig?
- Auf was achten Sie? Auf was legen Sie Wert?
- Auf was können Sie gut verzichten?
- Was stört Sie und was schätzen Sie?

5. Die Emotionen des Kunden

Notieren Sie auf einem Blatt die aus Ihrer Sicht wichtigsten Punkte. Sie werden Sie gleich anschliessend mit jenen Erwartungen vergleichen können, die die Teilnehmenden meiner Trainings jeweils angeben.

Die von Ihnen gerade auf Papier oder doch zumindest in Ihrem Kopf zusammengetragenen Erwartungen lassen sich in zwei Kategorien einteilen.
Die folgende Übersicht hält die meistgenannten Erwartungen seitens der Teilnehmenden fest. Die wohl beeindruckendste Erkenntnis dabei ist, dass das Verhältnis der genannten Erwartungen fast immer mindestens 1:2 ist. Zwei Drittel der genannten Faktoren liegen auf der Seite «Gutes Gefühl». Unabhängig davon, wie viele Teilnehmende antworten, ob nur Männer, nur Frauen, ob gemischt, ob alt oder jung. Und das seit über 20 Jahren!

Der Mensch braucht für einen Entscheid zwei Dinge:
Eine Lösung und ein gutes Gefühl.

A) Lösung

Preis-Leistung
Qualität
Angebot / Auswahl
Fachkompetenz
Parkplätze

B) Gutes Gefühl

Nette Begrüssung
Zuvorkommendes Personal
Angenehmes Ambiente
Eingehen auf Bedürfnisse
Parkplätze
Ehrlichkeit in der Beratung
Sich ernst genommen fühlen
Respektvoller Umgang
Kurze Wartezeiten

5.2 Es braucht immer beides

Jeder Entscheid, den wir fällen, resultiert aus dem Zusammenspiel zwischen einer Lösung und dem damit verbundenen guten Gefühl. Was damit gemeint ist, zeigt das folgende Beispiel:

Nehmen wir an, Sie geniessen – so wie ich übrigens auch – nach dem Aufstehen am Morgen als Einstieg in den Tag gerne einen frischen Kaffee.
Nehmen wir weiter an, dass Sie heute Morgen dies auch tun wollten, doch in der Küche feststellen mussten, dass der Kaffee, in welcher Form auch immer, alle ist. Das sollte zwar nicht sein, aber kann ja mal passieren. Zumindest in diesem Beispiel ist es so.

Kein Kaffee? Wir brauchen eine Lösung!
Sie stehen also in der Küche und fragen sich bewusst oder unbewusst, welche Lösung für Sie die beste ist. Denn es gibt mehrere Optionen. In unserem Beispiel sind es deren fünf:

- Kaffee auf dem Weg ins Büro kaufen
- Kaffee im Büro geniessen (sofern geniessbar)
- Zu Hause einen Tee
- Ein Glas Orangensaft
- Nichts von all dem

Vielleicht befindet sich unter den fünf genannten Optionen eine, die für Sie infrage kommt. Es gibt aber auch Lösungen darunter, die Sie ablehnen. Entweder fehlt Ihnen die Zeit, das Geld, die Lust oder was auch immer. Und wenn Sie sich gerade fragen, was passiert, wenn Sie keine der aufgeführten Lösungen nehmen, dann ist dies ganz einfach eine weitere Lösung. Kein Entscheid für etwas ist immer auch ein Entscheid!

5. Die Emotionen des Kunden

Gehen wir weiter davon aus, dass Sie sich für eine der fünf Lösungsvorschläge entscheiden können, stellt sich unmittelbar die Frage: Warum? Warum gerade diese Lösung? Und warum nicht eine andere? Diese Frage ist banal, jedoch absolut zentral, denn Sie beweist folgenden Prozess:

> *Wir entscheiden immer aus einem guten Gefühl heraus. Wenn wir kein gutes Gefühl haben, lassen wir es sein.*

Unter 3.4 und 3.5 haben wir gesehen, dass immer dann, wenn wir mehr als nur eine Lösung (oder Angebot) zur Verfügung haben, nach der Frage entscheiden: «Was habe ich davon?»
Und diese Frage hat nur ein Ziel: Nutzen.

Um uns also für eine der fünf Lösungsoptionen zu entscheiden, brauchen wir ein weiteres Kriterium. Wir brauchen Nutzen. Erst wenn uns eine Lösung einen sichtbaren Nutzen aufzeigt, werden wir sie wählen.

Wenn wir also in der Küche stehen, überlegen wir automatisch, welche der fünf Lösungen die beste für uns ist. Kurz: Wir wägen sämtliche Nutzen gegeneinander ab. Immer. Solche Nutzen können sein:

Lösung	Mögliche Nutzen
- Kaffee auf dem Weg ins Büro kaufen	- liegt auf dem Weg, praktisch, spare Zeit
- Kaffee im Büro geniessen	- geht einfach, spare Zeit
- Zu Hause einen Tee	- Tee geht immer
- Ein Glas Orangensaft	- erfrischend, gibt Power
- Nichts von all dem	- spare Zeit und Energie

Gleichzeitig (hier aber zeitlich hintangestellt) bewerten wir auch die negativen Punkte:

Lösung	Mögliche Negativ-Punkte
- Kaffee auf dem Weg ins Büro kaufen	- zu weit weg, verliere Zeit, kostet
- Kaffee im Büro geniessen	- ungeniessbar
- Zuhause einen Tee	- Tee geht gar nicht
- Ein Glas Orangensaft	- zu viel Zucker

Es kann sein, dass wir für diesen «Kaffee-Entscheid» gerade mal zwei Sekunden brauchen. Oder noch weniger. Vielleicht aber überlegen wir länger als uns lieb ist, was wir denn nun tun sollen. So gehen vielleicht zwanzig Sekunden oder mehr vorbei.
Verrückt: Hätten Sie sich heute Morgen tatsächlich nicht entscheiden können, würden Sie noch immer in der Küche stehen und überlegen. Unbewusste Entscheide können also recht hilfreich sein.

Das Kaffee-Beispiel zeigt sehr präzise, welchen Prozess wir bei jedem Entscheid durchlaufen. Und zwar bei wirklich jedem. Ob bewusst oder unbewusst – ohne Nutzen werden wir uns nie für eine Lösung entscheiden (ausser wir werden dazu gezwungen). In dem Moment aber, in dem wir einen Nutzen erkennen, entwickelt sich in uns ein gutes Gefühl.

5.3 35 000 Entscheide

Der Mensch trifft gemäss Schätzungen zwischen 30 000 und 35 000 Entscheidungen. Jeden Tag!
Die meisten davon, wie gesehen, unbewusst. Wie viele ist nicht genau messbar. Einige gehen von rund 90 Prozent aus, andere neh-

men an, es seien sogar mehr. Wie dem auch sei – das ist so oder so eine ganze Menge.

Da ist es durchaus von Vorteil, wenn wir ab und zu auf Autopilot umstellen können.

5.4 Interpretation

Lassen Sie uns noch einmal zur Haupttabelle auf Seite 89 zurückkehren.

Wie wir anhand des Kaffee-Beispiels gesehen haben, läuft jeder Entscheidungsprozess gleich ab. Er kann aber verschieden lange dauern und es gibt verschiedenste Wege, ihn zu durchlaufen. Wie Sie unter Punkt 5.8 lesen werden, spielen dabei unsere Erfahrungen, unsere Emotionen und Erwartungen eine entscheidende Rolle.

Ganz allgemein können wir das Folgende festhalten:

Lösung:
Wir sind permanent auf der Suche nach Lösungen, für die kleineren und grösseren Herausforderungen des täglichen Lebens. Wir brauchen eine neue Jeans. Wo werden wir sie kaufen? Am gleichen Ort wie immer? Da weiss man, was man hat. Oder doch lieber beim neuen Discounter? Im Supermarkt entdecken wir frische Erdbeeren. Doch ihr Preis ist noch recht hoch. Aber Lust hätten wir schon. Welche Lösung wählen wir? Abwarten oder kaufen? Auf dem Nachhauseweg kommt uns in den Sinn, dass wir ja noch bei diesem speziellen Fachgeschäft vorbeigehen wollten. Zeit hätten wir. Oder wollen wir nicht lieber nach Hause fahren und gehen am nächsten Tag?

Wir erwarten Lösungen, die funktionieren. Auch wenn es «nur» darum geht, zu entscheiden, ob ich noch einen kleinen Salat vorwegnehme oder nicht. Wenn wir als Konsument unterwegs sind, dann suchen wir Lösungen in Form von qualitativ guten Dienstleistungen und Produkten. Wir wollen eine auf unser Bedürfnis abgestimmte Auswahl und wir erwarten eine kompetente Beratung. Das Preis-Leistungs-Verhältnis soll vernünftig sein. Die links aufgeführten Erwartungen bilden die Basis.

Wenn wir keine passende Lösung finden, werden wir auch nichts kaufen. Doch mit der Lösung alleine ist es nicht getan. Für den definitiven Entschluss braucht es ein weiteres entscheidendes Element. Und dieses befindet sich in der rechten Spalte: das gute Gefühl.

Das gute Gefühl:
Neben diesen eher objektiven und rationalen Kriterien erwarten wir als Kunde wesentlich mehr. Wir wollen wahrgenommen und respektiert werden. Wir wollen uns beim Einkauf autonom bewegen können und nicht bedrängt werden. Die Beratung soll ehrlich und zuvorkommend sein. Das Ambiente muss stimmig sein und anderes mehr.

All diese in der rechten Spalte notierten Erwartungen sind nichts anderes als Nutzen, die wir als Kunde suchen. Erst wenn die uns in Aussicht gestellte Lösung für uns einen Nutzen erkennen lässt, werden wir diese Lösung auch wählen.

Immer, wenn wir wählen können, wählen wir jene Lösung, die uns im Moment des Entscheides ein gutes Gefühl vermittelt. Und zwar ausnahmslos. Zu jeder Zeit. Immer und überall. Wenn wir keine Wahl haben, zum Beispiel bei Gefahr, werden wir wohl kaum gross die Nutzen abwägen.

Wenn wir keinen Nutzen erkennen, oder niemand uns diesen Nutzen sichtbar machen kann, werden wir uns nicht für das angebotene Produkt entscheiden (siehe Gorgonzola)! Das ist nichts als logisch. Niemand kauft Dinge, die er nicht will oder nicht mag.

Die Ausnahme dazu bildet das liebe Geld, dessen Einfluss auf unseren Entscheid wir unter Punkt 4.7 kennengelernt haben.

5.5 Menschen kaufen positive Emotionen

Egal, was der Mensch einkauft, er kauft nie – ja, Sie lesen richtig – nie ein Produkt oder eine Dienstleistung. Was der Mensch einkauft, ist der Nutzen, den er sich durch den Kauf erhofft. Menschen kaufen positive Emotionen. Wir sind sogar bereit, für gewisse Produkte mehr auszugeben, weil der für uns sichtbare und entscheidende Nutzen entsprechend hoch ist (Lacoste).

> *Menschen kaufen gute Gefühle. Sie kaufen dort, wo sie mit der Lösung zusätzlich gute Gefühle erhalten.*

Sicher haben Sie auch schon einen feinen Butterzopf für Sonntag gekauft. Doch was kaufen Sie wirklich? Kaufen Sie tatsächlich Weissmehl, Hefe, Eier, Milch und Fett? Ein Getreideerzeugnis? Eine Kalorienbombe? Ach, kommen Sie! Wohl kaum. Das, was Sie kaufen, ist Harmonie, einen Moment der Ruhe mit dem Partner oder der Familie. Eine Auszeit, Lust und alles, was Sie mit diesem Zopf sonst noch verbinden.

Sie kaufen Nutzen, welche Sie sich versprechen. Und in dem Moment, in dem wir die Nutzen erkennen, entsteht in uns ein gutes Gefühl. Dieses gute Gefühl sorgt dann dafür, dass wir den Butterzopf aus dem Regal nehmen und in unseren Einkaufswagen legen.

Alles, was wir in unseren Einkaufswagen legen, vermittelt uns ein gutes Gefühl. Wenn nicht, kommt es nicht in den Wagen! Und der Gorgonzola? Auch der vermittelt uns ein gutes Gefühl. Doch nur dann, wenn er uns schmeckt oder weil wir ihn für jemanden kaufen, der ihn mag und uns dafür dankbar sein wird.

O.k., sagen Sie, bei einem derart emotionalen Produkt wie einem Butterzopf ist das noch nachvollziehbar. Was ist aber mit der eigenen Visitenkarte? Da ist es genau gleich: Mit einer Visitenkarte «kaufen» wir Wertschätzung, Zukunft, Prestige und vieles mehr. Die Liste an Produkten und Dienstleistungen lässt sich beliebig fortsetzen – jeder Entscheid für oder gegen ein Produkt ist in letzter Instanz ein emotionaler Entscheid, da er sich ausschliesslich am (potenziellen) Nutzen orientiert.

Über unsere Emotionen definieren wir die Nutzen, die wir erwarten. Anhand dieser Nutzen ergeben sich Gründe, die uns zu einer Handlung, einem Entscheid führen. Umgekehrt gilt: Wird uns ein Motiv offeriert wie Komfort, Gewinn oder Sicherheit, überprüfen wir unbewusst oder auch bewusst die daraus zu erwartenden Nutzen und den Aufwand, der zum Erreichen dieser Nutzen erforderlich ist. Stimmt die Gleichung, sind wir bereit, Energie in Form von Geld, Zeit, Engagement usw. dafür aufzuwenden.

5.6   Nutzen richtig kommunizieren

Wie unter 4.5 gesehen, vergleichen wir also nie den Preis mit der Leistung, auch wenn sich dieser Begriff längst etabliert hat. Beides sind Faktoren, die in der linken Spalte zu finden sind. Es sind also reine Lösungen.

Wir vergleichen den Preis jedoch immer und ausschliesslich mit dem Nutzen, den wir beim Kauf einer Leistung erwarten. Ist der Nutzen gross, attraktiv oder verführerisch genug, dann werden wir uns für das entsprechende Angebot entscheiden.

Das tun wir auch dann, wenn sich der Nutzen vielleicht erst später einstellen wird. Zum Beispiel, wenn wir eine Reise buchen. Hier wird sich der erwartete Nutzen erst dann realisieren, wenn wir die Reise antreten. Sind die Erwartungen an einen Nutzen gross genug, werden wir auch dann kaufen, wenn sich der Nutzen nicht unmittelbar mit dem Kauf einstellt.

Ohne sichtbaren Nutzen werden wir jedoch überhaupt nicht buchen. Da warten wir lieber oder entscheiden uns eben für ein Angebot, das uns mehr Nutzen aufzeigt.

Das heisst, das wir unserem Kunden zwingend seine Nutzen kommunizieren sollten, und nicht nur das, was wir für ihn tun oder erledigen können.

Denn alles, was wir anbieten, alles, was wir für den Kunden tun können und wollen, all unsere Produkte, unsere Kompetenz und vieles mehr definiert der Kunde unbewusst als Lösung. Das, was er aber tatsächlich sucht, sind Nutzen!

Eine nutzenorientierte Kommunikation unterscheidet sich klar von einer lösungsorientierten Kommunikation. Zwar hören oder lesen wir ab und zu Sätze wie: «Ihre Vorteile sind» oder «Ihre Nutzen sind». Was dann jedoch folgt, sind in den meisten Fällen nur erweiterte Produktvorteile oder detailliertere Produktvorteile. Aber keine wirkliche Nutzen.

Bei dieser Art der Kommunikation bleiben wir also auf der linken Seite (Lösung) stecken. Hier drei Beispiele, die keinen Nutzen kommunizieren, auch wenn der Verkäufer das meint:

Verkäufer:	«Wir haben die Wischerblätter ersetzt.»
Kunde:	«Was habe ich davon?»
Verkäufer:	«Die neuen Wischblätter wischen wieder sauber.»

Verkäuferin:	«Dieses Handy verfügt über ein kratzfestes Display.»
Kunde:	«Was habe ich davon?»
Verkäuferin:	«Das Display bleibt kratzfrei.»

Verkäufer:	«Diese Säcke gibt es nun auch in 10 kg statt 20 kg.»
Kunde:	«Was habe ich davon?»
Verkäufer:	«Die Säcke sind leichter.»

Diese Argumente sind zwar alle gut gemeint, aber zeigen keine echten Nutzen auf. Eine echte Nutzenargumentation zieht immer den Kunden mit ein:

Echter Nutzen 1:	«SIE haben wieder klare Sicht.»
Echter Nutzen 2:	«SIE sehen Bilder und Schrift länger klarer.»
Echter Nutzen 3:	«SIE schonen Ihren Rücken.»

Jeder Nutzen, den wir dem Kunden sichtbar machen, entspricht dem Schritt von der linken Seite (Lösung) zur rechten Seite (Gutes Gefühl). Diesen Schritt begleiten wir mit den Worten:

- «Das heisst für Sie ...»
- «Das bedeutet für Sie ...»
- «Ihre Vorteile sind ...»
- «Ihr Nutzen sind ...»

Und jetzt erwähnen wir genau jenen Nutzen, den uns der Kunde vor noch nicht allzu langer Zeit im Gespräch mitgeteilt hat, nachdem wir mit der Ein-Wort-Rückfrage-Methode entspannt und effektiv nach seinem Motiv gefragt und ein bis zweimal nachgefragt haben. Die Nutzen-Kommunikation beginnen wir mit dem Wort: SIE.

- «Sie erhalten so ...»
- «Sie geniessen daher ...»
- «Sie profitieren hier ...»
- «Sie sparen dadurch ...»
- «Sie garantieren somit ...»
- «Sie erfahren rasch ...»
- «Sie können so ...»
- «Sie ermöglichen ...»
- «Sie gewinnen dadurch ...»
- «Sie erreichen damit ...»
- «Sie verringern so ...»
- «Sie klären damit ...»
- «Sie sorgen dafür ...»
- «Sie sichern sich damit ...»
- «Sie bewirken dadurch ...»
- «Sie haben die Gewissheit ...»

5.6.1 Angebot dynamisch präsentieren

Die Voraussetzung für eine erfolgreiche Kunden-Nutzen-Argumentation ist also immer dann gegeben, wenn wir:

a) die wesentlichsten Kundenäusserungen vorab mit der Ein-Wort-Rückfrage-Methode auf Motive und Nutzen erforscht haben.
b) ein entsprechendes Produkt auch wirklich anbieten können.
c) einen Kunden-Nutzen ableiten und formulieren können.

Nur wenn diese drei Faktoren erfüllt sind, wird es uns gelingen, dem Kunden ein seinen Bedürfnissen entsprechendes Produkt anzubieten und Nutzen sichtbar zu machen.

Einen Kunden-Nutzen formulieren heisst immer, den Nutzen aufzuzeigen, den der Kunde hat, wenn er unser Produkt kauft (siehe Punkt 5.5).

Das klingt banal, doch Achtung: Die Unterschiede zwischen einer Formulierung von Produkte-Merkmalen und Kunden-Nutzen sind – wie gesehen – oft minim, jedoch entscheidend!

In einem Beratungs- oder Verkaufsgespräch geht es darum, eine gute Mischung zwischen Produkteinformation und Kunden-Nutzen zu finden. Daher macht es durchaus Sinn, aufgrund des Gesprächs mit dem Kunden, die wesentlichen Punkte festzuhalten, respektive zusammenzufassen.
Im besten Fall gelingt es uns, Produkt, Produkte-Vorteile und Kunden-Nutzen harmonisch zu vereinen:

«Das ist die Bosch 3010 E.	Produkt
Sie leistet 3000 Umdrehungen pro Minute.	Produkte-Vorteil
SIE bohren damit wie durch Butter.»	Kunden-Nutzen

«Das ist die Riposa-Matratze Sonabene 24.	Produkt
Sie verfügt über eine atmungsaktive Einlage.	Produkte Vorteil
SIE geniessen einen ruhigen Schlaf.»	Kunden-Nutzen

Dynamisch Präsentieren heisst:
Darüber reden, erklären, ausführen, anreichern, zeigen, zeichnen, entwickeln. Den Kunden teilhaben, erleben, fühlen, begreifen lassen. Beispiele anführen, Erlebtes weitergeben, Erlebnisse anderer Kunden erwähnen und anderes mehr.

5.6.2 Sie haben die Wahl

Um die Nutzen Ihrer Produkte und Dienstleistungen herauszufiltern, brauchen Sie nur einfach eine Liste zu erstellen, indem Sie für jedes Produkt und für jede Dienstleistung einen entsprechenden Nutzen formulieren. Das dürfte je nach Branche Tage, Wochen oder gar Monate dauern. Oder aber, Sie nutzen die Ein-Wort-Rückfrage-Methode, die Sie direkt zum Motiv des

Kunden und danach direkt zu seinen Nutzen führt. Denn der Kunde weiss in der Regel sehr genau, welche Nutzen er sucht. Also fragen Sie ihn doch einfach danach!
Ich könnte mir vorstellen, dass Sie so einiges an Zeit und Energie einsparen werden. Wenn das mal keinen Nutzen darstellt ...

5.6.3 Der Traktor-Mäher

Wie ein Verkaufsgespräch ablaufen kann, wenn der Verkäufer nicht nach den Nutzen des Kunden fragt, zeigt ein Erlebnis, das ich immer wieder gerne teile:

Es begab sich vor gut zwanzig Jahren, dass meine Frau und ich an einem Samstag ein grosses Gartenzenter besuchten. Da erblickte ich beim Eingang einen blitzblank polierten und in einem verführerischen Ferrari-Rot glänzenden Traktor-Mäher. Heute noch setze ich mich auf diese Dinger, wenn ich einen sehe. So auch an besagtem Samstag. Wie immer in einem solchen Moment, schien mich meine Frau nicht mehr zu kennen und zog in Richtung Gartenkräuter davon.

Ich aber blieb auf dem Gefährt sitzen und hatte meine Freude. So dauerte es nicht lange und ein junger Verkäufer kam auf mich zu, so dass sich der folgende Dialog entwickelte:

Verkäufer:	«Guten Tag. Gefällt Ihnen dieser Mäher?»
Ich:	«Guten Tag. Ja, der gefällt mir sogar super!»
Verkäufer:	«Das freut mich. Gerne gebe ich Ihnen ein paar Informationen. Dieser Honda 2000 S hat einen Zweitaktmotor und verbraucht zirka 2 Liter pro Stunde.»
Ich:	«Sehr sparsam. Gut zu wissen.»
Verkäufer:	«Er verfügt über einen Vorwärts- und Rückwärtsgang.»

Ich:	«Wow. Sehr praktisch.»
Verkäufer:	«Genau, und die Schnittbreite beträgt 90cm.»
Ich:	«Beeindruckend. Da kommt man rasch voran.»
Verkäufer:	«Auf jeden Fall. Auch der Schüttkorb mit beinahe einem Kubikmeter Volumen spricht für sich.»
Ich:	«Gewiss. Sehr praktisch.»

Dann nahm er allen Mut zusammen und suchte den Abschluss:

Verkäufer:	«Dann nehmen Sie diesen Mäher?»
Ich:	«Ich muss Sie leider enttäuschen. Ich wohne in einer Wohnung.»

Der Veräufer schaute mich mit Augen an, die wohl ausdrückten:
 «Das hätten Sie mir auch früher sagen können!»
Ich schaute mit Augen zurück, die sagten:
 «Hätten Sie mich früher gefragt!»

Was genau war also passiert?
Der Verkäufer hatte alles Menschenmögliche getan, um mir diesen tollen Traktormäher zu verkaufen. Doch seine gesamten Argumente waren auf der linken Seite (Lösung) angesiedelt. Er hat sich zu keiner Zeit um meine Nutzen gekümmert. Eine einzige Frage nach meinem Nutzen zu Beginn des Gesprächs hätte alles geklärt:
 «Wie viele Quadratmeter Rasenfläche haben Sie?»

5.7 Die kognitive Dissonanz

Wir entscheiden uns immer nach dem bestmöglichen Nutzen-Prinzip. Daher macht es an sich keinen Sinn, einen Entscheid zu hinterfragen, weil er ja immer nach bestem Wissen und Gewissen gefällt worden ist. Egal, nach welchen Kriterien wir also entschieden haben, es waren immer genügend Nutzen vorhanden. Wenn nicht, hätten wir uns ja gar nicht dafür entschieden. Und dennoch finden wir uns allzu oft in einer Situation wieder, in der wir uns Gedanken über den Sinn und Zweck unseres Entscheides machen. Haben wir richtig entschieden? War das klug? Was, wenn nicht?

Dieser Prozess wird als «kognitive Dissonanz» beschrieben: Eine Unsicherheit, eine Art Ungleichgewicht, eine Unstimmigkeit, die uns anhält, das Ganze nochmals zu überdenken. Doch nach dem Entscheid ist dies eindeutig zu spät.

Darum mein Tipp an alle Berater und Verkäufer: Sprechen Sie nach einem Abschluss, nach einer Vertragsunterzeichnung, nach jedem Kauf dem Kunden nicht nur Ihren Dank aus, sondern bestätigen Sie ihn unbedingt in seinem Tun. Bekräftigen Sie seinen Entschluss.
Dass Sie dabei bitte nicht übertreiben, versteht sich von alleine.

5.8 Hören Sie auf Ihr Gefühl

Motive, Nutzen, Antreiber, Emotionen, Beweggründe, Bedürfnisse – wenn es darum geht, das Verhalten des Menschen im Entscheidungsprozess zu beschreiben und zu analysieren, wie er entscheidet und warum, so mangelt es nicht an Fachausdrücken.

Dieses Buch macht da keine Ausnahme. Und doch: Vieles lässt sich zusammenfassend auf einen ganz einfachen Nenner bringen, der recht präzise wiedergibt, was sich oft nur schwer oder aufwändig erklären lässt:

Hören Sie auf Ihr gutes Gefühl.

Immer mehr Forschungsergebnisse weisen darauf hin, dass Intuition, also unser Gespür für oder gegen etwas, nach wie vor ein äusserst probates Mittel ist, Entscheide zu fällen.

5.9 Ratio versus Emotio?

Welcher Entscheidungstyp sind Sie? Entscheiden Sie eher mit dem Kopf oder verlassen Sie sich primär auf Ihr Bauchgefühl? Oder passen Sie sich der Situation an? Könnte es auch sein, dass die Art Ihrer Entscheidungen sich in den Jahren verändert hat? Sind Sie mutiger, erfahrener, weiser geworden? Haben Sie gar aus Erfahrungen gelernt?

Sie sehen: Die Art und Weise, wie Sie heute entscheiden, wird nicht nur durch Ihre Erziehung und Ihr Gedankengut gesteuert, sondern auch von Ihren Erfahrungen beeinflusst. Gut, das ist nicht neu. Zudem wäre es ja schade, wenn wir nicht in der Lage wären, aus Erfahrungen klug zu werden.

Vor allem aber werden unsere Entscheide von unseren Emotionen gesteuert. Dies geschieht in unserem limbischen System. Hier sind unter anderem unsere Emotionen verankert. Wie unter Punkt 3.5 erwähnt, ist das limbische System verantwortlich für unsere Entscheide und Empfindungen.
Diese wiederum richten sich nach den drei Instruktionen der Natur, die garantieren, dass jeder Entscheid einen Nutzen generiert. Auch dann, wenn er für uns oft nicht bewusst wahrnehmbar ist.

Unser «Verstand», auch Ratio genannt, sitzt im präfrontalen Cortex, der rational Vor- und Nachteile abwägt und künftige Handlungen plant.

Lange galt in der Wissenschaft die Maxime, dass der Verstand die Gefühle kontrolliert. Der Homo oeconomicus, der Mensch, der alle Faktoren abwägt und anhand rein objektiver Parameter zum bestmöglichen Schluss kommt, galt lange Zeit als das Mass aller Dinge.

Allein die Tatsache, dass der Mensch immer nach einem Nutzen strebt, würde diese Sichtweise in der Tat unterstützen. Dass er aber dabei nach ureigenen Bedürfnissen und Motiven, und somit alles andere als objektiv, handelt, widerspricht jedoch der Theorie des rein rational denkenden Menschen.

> *Es ist an der Zeit, sich von der alten Trennung von Gefühl und Verstand zu trennen.*

5.10 Neueste Erkenntnisse schaffen Klarheit

Wie werden Bauchentscheide auch oft genannt? Genau: emotional. Und das Gegenteil von emotional ist? ... rational, sagen Sie? Leider falsch. Das Gegenteil von «emotional» war noch nie «rational»!

Das Gegenteil von «emotional» ist «emotionslos». Ein Zustand, der es einem Menschen erschwert, die für eine konstruktive soziale Interaktion notwendigen Emotionen aufzubauen.

Menschen mit emotionalem Defizit bekunden grosse Schwierigkeiten, mit anderen Menschen zu interagieren. Und sie bekunden sehr oft Mühe damit, sich entscheiden zu können, werden doch alle Entscheide im limbischen System gefällt.

«Das Herz hat seine Gründe, die die Vernunft nicht kennt», hielt schon der französische Mathematiker und Philosoph Blaise Pascal (1623–1662) fest. Und jetzt? Wer oder was hat denn nun entschieden? Der Kopf oder der Bauch? Oder doch etwas ganz anderes?

Das Gegenteil von «rational» ist demnach auch nicht «emotional». Das Gegenteil von «rational» ist «irrational». Und das hat mit «emotional» nichts zu tun. Ansonsten wären ja emotionale Entscheidungen irrationalen Entscheidungen gleichzustellen. Freude, Glück oder Ärger zu empfinden, sind emotionale Empfindungen. Doch deswegen noch lange nicht irrational.

Aber genau diese Vorstellung dominiert bis heute in so manchen Köpfen. Das führte auch zu den umgangssprachlichen Begriffen wie Bauch- und Kopfentscheid. In der Tat handelt es sich jedoch bei beiden einfach um Entscheide, die einem bestimmten Motiv zugrunde liegen.

So kann ein Motiv sein, mehr Kontrolle zu haben. Dieser Mensch wird entsprechende Daten und Informationen sammeln, bevor er mit gutem Gefühl entscheidet.
Ein anderer legt mehr Wert auf Sicherheit und wird seinen Entscheid von Informationen abhängig machen, die ihm Sicherheit und damit ein gutes Gefühl vermitteln.

Wenn ein Mensch rational über ein Problem nachdenkt, Vor- und Nachteile abwägt, dann benutzt er dafür die vordere Stirnhirnrinde, den präfrontalen Cortex. Dieses Gehirnareal ist mit dem limbischen System, dem Sitz der Gefühle, verknüpft und kann Emotionen unter Kontrolle halten, sofern wir dies für sinnvoll erachten.

> *Jeder objektive Entscheid, den wir fällen, ist in sich subjektiv, auch wenn uns das nicht immer gefällt.*

Diese Schlussfolgerung zeigt, dass es so etwas wie einen persönlichen objektiven Entscheid nicht geben kann. Jeder Entscheid, den wir fällen, fällen wir nach unserem Ermessen, was objektiv ist und was nicht. Und dieses Ermessen ist immer subjektiv.

Wenn wir also auch die für uns sogenannt rationalen Gesichtspunkte festlegen und berücksichtigen, und damit meinen, wir würden objektiv entscheiden, so gilt es zu wissen, dass dies so nie ganz möglich sein wird.

5.11 Die Kunst der Entscheidungsfindung

Richtig zu entscheiden, ist nie so anspruchsvoll, wie wenn es uns selber betrifft! Sicher haben Sie auch schon erlebt, wie Sie jemandem gut zureden und er sich dennoch anders entscheidet. Wenn es um die Entscheidungsfindung geht, sehen, denken und handeln wir oft klarer, wenn es uns nicht direkt betrifft.

Die Forschung fördert auch auf diesem Gebiet interessante Erkenntnisse zutage. Mit dem Wissen aus der Neurologie entstanden in den vergangenen Jahren immer weiter entwickelte Modelle, die uns in unserer Entscheidungsfindung wirksam unterstützen können.

Daneben zeichnet sich die Erkenntnis ab, dass altbekannte Entscheidungsprozesse wie Intuition uns in unseren Entscheiden ebenfalls wertvolle Hilfe bieten. Dazu kann ich Ihnen das Buch «Bauchentscheidungen» von Gerd Gigerenzer, Professor für Psychologie und Direktor am Berliner Max-Planck-Institut für Bildungsforschung, sehr empfehlen.

Ob wir nun «aus dem Bauch heraus» entscheiden oder denken, dass ein eher rationales Vorgehen sinnvoll ist, ist völlig unerheblich. Es wird immer unsere ureigene Vorgehensweise sein, die uns zu einem Zustand führen wird, den wir permanent anstreben und längst kennen: Das gute Gefühl!

Wer also einen Entscheid mittels Pro-Kontra-Liste herbeiführen will, wird dies tun. Interessanterweise sei an dieser Stelle vermerkt, dass diese Massnahme zwar durchaus eine rationale ist.

Entscheidend bleibt jedoch die Frage nach dem Motiv, nach dem Bedürfnis, nach dem Beweggrund:

- Warum brauchen wir eine Pro-Kontra-Liste?
- Warum ziehen wir diese Strategie einem Bauchentscheid vor?

Die Antwort darauf ist brisant und einleuchtend zugleich:
Weil wir Sicherheit und Gewissheit wollen und brauchen.
Und Sicherheit ist das wohl emotionalste Motiv, das es gibt! Und haben wir dann Sicherheit, dann vermittelt uns diese Sicherheit ein gutes Gefühl.

5.12 Warum Kunden Firmen verlassen

In der Regel beschäftigen wir uns vor allem mit der Frage, wie wir Kunden gewinnen können. Es ist jedoch ganz interessant, auch mal die Ursachen von Kundenabgängen zu erforschen. Immer wieder finden Umfragen statt, die genau dieses Thema aufgreifen. Seit Jahrzehnten werden daher Kunden gefragt, aus welchem Grund sie – sofern passiert – im Laufe des vorangegangenen Jahres eine Firma verlassen haben. Die Ergebnisse sind nicht nur seit Jahren nahezu identisch, sie bestätigen auch auf eindrückliche Art und Weise, wie sich die unter Punkt 5.1 aufgeführten Erwartungen auswirken, wenn sie eben nicht erfüllt werden.

Ordnen Sie – wenn Sie Lust haben – in der nachfolgenden Tabelle den genannten 6 Gründen Ihre Schätzwerte in Prozent zu. Zusammen ergeben die Prozentzahlen 100 Prozent.

5. Die Emotionen des Kunden

Durch Tod: ___ %
Durch Umzug: ___ %
Kaufe bei Freunden: ___ %
Kaufe anderswo günstiger: ___ %
Habe mich ergebnislos beschwert: ___ %
Fühlte mich missachtet: ___ %
Total: 100 %

Und, wie haben Sie geschätzt? Hier die effektiven Werte:
Durch Tod: 1 %
Durch Umzug: 3 %
Kaufe bei Freunden: 5 %
Kaufe anderswo günstiger: 9 %
Habe mich ergebnislos beschwert: 14 %
Fühlte mich missachtet: 68 %

Bemerkenswert ist die Tatsache, dass diese Umfrage jeweils quer durch eine Vielzahl von Branchen geführt wird. Branchentypische Schwankungen sind daher bereits berücksichtigt. Dass der Wert «Fühlte mich missachtet» massiv heraussticht, ist indessen nicht verwunderlich. Entspricht er doch recht genau dem Wert der Nutzen, die auf der Seite «Gutes Gefühl» notiert werden (ca. 66,6 %).

Aus diesen Zahlen lassen sich folgende Erkenntnisse ableiten:

- Kunden verlassen Firmen nicht, weil ein Produkt nicht gut ist, sondern weil ihr gutes Gefühl schwindet.

- Kunden sind bereit, für ein Produkt mehr zu bezahlen, eben weil sie dabei ein gutes Gefühl haben.

- Geht das gute Gefühl, geht auch der Kunde!

Sie finden in diesem Buch unzählige Gründe, die dazu führen, dass sich ein Kunde missachtet fühlen kann. Dennoch hier die häufigsten:

Ein Kunde fühlt sich immer dann missachtet, wenn ...

- wir ihn nicht respektieren
- wir ihn nicht ausreden lassen
- wir seine Sätze selber beenden
- wir seine Autonomie nicht respektieren
- wir Druck aufbauen
- wir keine Nutzen formulieren
- wir uns rechtfertigen
- wir argumentieren, statt zu kommunizieren
- wir Dinge nicht halten, die wir versprochen hatten
- wir mit Worten wie «Ich muss...» negativ wirken
- wir mit Suggestionen arbeiten
- wir ein Nein nicht akzeptieren
- wir meinen, seine Bedürfnisse zu kennen

In jedem Gespräch gibt uns der Kunde unendlich viele verbale und nonverbale Signale, die verraten, ober er ein gutes Gefühl hat oder nicht. Ob er sich wohl fühlt, ob alles in Ordnung ist oder ob er sich mit dem Gedanken herumschlägt, unsere Firma künftig nicht mehr zu berücksichtigen. Daher gilt:

> *Die Ein-Wort-Rückfrage-Methode ist vielleicht das beste Kunden-Abwanderungs-Frühwarn-System, das es gibt!*

5.13 Wie die Ein-Wort-Rückfrage-Methode uns hier zusätzlich unterstützt

Bei jedem Kontakt, den der Kunde mit uns oder unserer Firma hat, beschäftigt ihn nur eine einzige Frage: «Was habe ich davon?»
Ob dieser Kontakt eindimensional verläuft, in dem der Kunde etwas über unsere Firma hört oder liest, unsere Werbung konsumiert oder ob er mit uns 30 Sekunden am Telefon spricht, einer Präsentation beiwohnt oder ein Beratungsgespräch geniesst – er zieht laufend Bilanz.

Dabei interessiert er sich nie für unsere Dienstleistungen und unsere Produkte (auch wenn er das sagt und meint und wir das gerne hätten), sondern er interessiert sich immer nur für die Nutzen, die er generieren kann, sofern er sich für unsere Produkte oder Dienstleistungen entscheidet. Dies ganz getreu der Instruktion, nur dann Energie in eine Bewegung (Kauf, Abschluss, usw.) zu investieren, wenn er einen Nutzen erkennt.

Die Ein-Wort-Rückfrage-Methode unterstützt uns in der Vermittlung eines guten Gefühls und dem Sichtbarmachen von Kunden-Nutzen auf gleich mehreren Ebenen. Immer dann, wenn wir mit der Ein-Wort-Rückfrage-Methode arbeiten, geben wir dem Kunden Gelegenheit ...

- ... seine Motive zu präzisieren.
- ... seine Nutzen aufzulisten, die er braucht.

Dies wiederum erlaubt es uns, so rasch als möglich von der egozentrierten Kommunikation unserer Lösungen wegzukommen, um zu erfahren, was der Kunde wirklich braucht. Wenn wir das nicht tun, und weiterhin im klassischen Verkaufsmodus operieren und unserem Kunden aufzeigen, was wir alles haben, bieten, können, offerieren, usw., dann bleiben wir dabei immer auf der linken Seite (Lösung). Und diese Seite ist für den Kunden nicht interessant. Sobald es uns gelingt, das Gespräch auf die Seite des guten Gefühls zu lenken, wird der Kunde begeistert auf unsere Fragen eingehen.

Mit der Ein-Wort-Rückfrage-Methode ist es uns möglich, den Kunden sehr lange und intensiv zu begleiten. Da all unsere Fragen immer auf seine Erwartungen und Nutzen ausgerichtet sind, wird er uns gerne Auskunft geben.

Die Ein-Wort-Rückfrage-Methode hat einen weiteren Vorteil. Sie verhindert, dass wir nach einem Nein, einer Ablehnung oder einem Einwand des Kunden die beiden folgenden kapitalen Fehler begehen:

1. Rechtfertigung

Jedes Nein des Kunden ist eine Chance, seine Bedürfnisse noch besser zu verstehen. Doch nur dann, wenn wir dieses Nein anstandslos akzeptieren. Statt uns also durch dieses Nein in irgendeiner Weise angegriffen oder verletzt zu fühlen, nehmen wir es als Steilpass für unsere Ein-Wort-Rückfrage-Methode.

2. Suche nach neuen Argumenten / Angeboten

Oft lassen wir uns durch ein Nein des Kunden dazu verleiten, erneut auf die linke Lösungs-Seite auszuweichen, um ihm weitere Angebote zu unterbreiten, die ihn interessieren könnten. Doch das ist nichts anderes als «Fischen im Trüben». Wir bieten dem Kunden Lösung um Lösung an, in der Hoffnung, er möge doch anbeissen. Doch der Kunde lässt sich nicht durch Lösungen ködern, sondern durch Nutzen! Und diese befinden sich nun einmal alle auf der rechten Seite ...

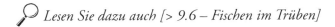 *Lesen Sie dazu auch [> 9.6 – Fischen im Trüben]*

Statt auf den Kundenhinweis «Das überzeugt mich nicht!» mit weiteren, neuen Angeboten zu reagieren, fragen wir ihn einfach: «Nicht?»

Damit sagen wir ihm, dass wir wissen wollen, was «nicht überzeugt» für ihn bedeutet. Dies wiederum wird ihm signalisieren, dass wir mehr über ihn und seine Bedürfnisse erfahren wollen. Und: Er wird unserer Bitte nachkommen und erklären, was ihn nicht überzeugt. Ein, zwei vertiefende Fragen später werden wir beim Nutzen des Kunden angelangt sein.

Hier nun können wir ihm präzise aufzeigen, welches Produkt oder welche Dienstleistung denn nun genau diesen Nutzen generieren wird.

Das ist Kundenorientierung in Reinkultur.

Lesen Sie dazu auch [> Kapitel 9 – Die kundenzentrierte Kommunikation]

Es gibt unzählige Gründe, warum ein Kunde dieses oder jenes Produkt bevorzugt, oder sich mit diesem Berater besser versteht, als mit jenem.

Anstatt zu glauben, wir würden die Bedürfnisse kennen, wenden wir einfach die Ein-Wort-Rückfrage-Methode an. Sie garantiert uns den direkten Weg zum Bedürfnis und damit zu den Nutzen, die der Kunde sucht.

Beobachten Sie doch bei Ihrem nächsten Einkauf einmal, was Sie in Ihren Einkaufswagen legen und warum. Sie werden rasch feststellen, dass jedes Produkt, das Sie in Ihren Wagen legen, Ihnen ein gutes Gefühl vermittelt, respektive einen Nutzen liefert (sofern es für Sie bestimmt ist).

Jedes Produkt erfüllt also einen ganz bestimmten Nutzen. Es kann auch sein, dass Ihnen bei einer Promotion ein neues Produkt angeboten wird, das Sie nicht kennen. Hier wird wiederum entscheidend sein, welchen Nutzen Sie erwarten. Ist dieser von Beginn an klein, weil Sie schon wissen, dass Sie es nicht mögen, werden Sie vielleicht nicht einmal kosten.

Achten Sie hier ganz besonders auf die Wortwahl der Person, die Ihnen das Produkt anbietet. Spricht sie vorwiegend über das Produkt und seine Vorzüge oder kümmert sie sich um Ihre Bedürfnisse und Nutzen, indem sie Sie über Ihre Vorlieben befragt?

6 Wie Kunden sprechen
und wie die Ein-Wort-Rückfrage-Methode uns hilft, sie zu verstehen

Vorab ein kleines Experiment: Zeichnen Sie doch bitte auf ein Blatt Papiere ein Flugzeug – Pause – und, wie ist es gelungen? Gut? Na ja? Perfekt? Oder hatten Sie gerade keine Lust? Aha, Sie können nicht so gut zeichnen, nun, willkommen im Klub!

6.1 Keine Ahnung!

Dennoch. Nehmen wir an, Sie haben eines gezeichnet oder doch zumindest an ein Flugzeug gedacht. Könnte es sein, dass Sie dabei einen Doppeldecker visualisiert haben? Wohl kaum. In all den Jahren, in denen ich die Teilnehmenden meiner Trainings immer wieder einlade, ein Flugzeug zu zeichnen, hat vielleicht ein Dutzend tatsächlich einen Doppeldecker gezeichnet.

Zufälle gibt es ja bekanntlich immer wieder. Und einige waren tatsächlich so kühn gewesen, mich vorher zu fragen, was für ein Flugzeug sie zeichnen sollen. Alle anderen, also jene, die mich nicht gefragt haben, stehen stellvertretend für eine ganz bestimmte Art der Kommunikation.

Diese Art nennt sich egozentriert. Das ist in keiner Weise negativ gemeint, sondern bezieht sich einzig auf die Bedeutung des Wortes Ego [aus dem Lateinischen: Ego = Ich].

Lesen Sie dazu auch [> Kapitel 8 – Die egozentrierte Kommunikation]

Sie basiert auf der einfachen Formel, dass immer dann, wenn wir ein Wort, einen Satz oder eine Botschaft hören, unbewusst und unmittelbar in unser eigenes Archiv abtauchen, um ein entsprechendes Bild oder eine passende Emotion, die wir im Zusammenhang mit besagtem Ausdruck verbinden, abzurufen.

Ein völlig normaler Prozess, löst doch jedes Wort, das wir hören, eine Emotion oder ein Bild in uns aus, das mit diesem Wort verknüpft ist.

Hören wir also ein Wort wie «Flugzeug», haben wir noch im gleichen Bruchteil der Sekunde, in der wir das Wort wahrnehmen, eine klare Vorstellung davon, was wir uns darunter vorzustellen haben.

Wenn wir meine Aufforderung an Sie, ein Flugzeug zu zeichnen, nochmals betrachten, so können Sie mit Recht beanspruchen, ich hätte ja nicht geschrieben, welche Art von Flugzeug Sie zeichnen sollten. Tatsächlich habe ich nur «Flugzeug» geschrieben. Doch was, wenn ich zwar «Flugzeug» geschrieben, dabei jedoch an einen «Doppeldecker» gedacht habe?

6.2 Vom Ereignis zum Erlebnis

Und genau das passiert tagtäglich millionenfach! Wir haben zwar etwas im Kopf, werden es aber nicht auf Anhieb präzise genug beschreiben können. Dafür gibt es vielerlei Gründe. Allen voran ist es der Fakt, dass Menschen nicht in sogenannten Beobachtungen sprechen, sondern in Beschreibungen respektive Bewertungen.

Wenn uns jemand etwas erzählt, dann wird er dies sehr selten in einer reinen beobachtenden Form tun, sondern in einer beschreibenden und bewertenden Art.

Wie ist dies zu verstehen?
Alles, was wir beobachten, stellt in erster Linie ein Ereignis dar. Immer dann, wenn uns dieses Ereignis in irgendeiner Weise berührt, verwandeln wir es in ein Erlebnis. Wir sind Zeuge eines Autounfalls. Werden wir nun gebeten, dieses Ereignis als Drittperson zu beschreiben, wird erwartet, dass wir dies möglichst sachlich tun und unter Nennung von Daten und Fakten.

Je mehr wir uns aber durch die Geschehnisse beeinflussen lassen, desto eher werden wir in eine beschreibende und bewertende Schilderung des Vorgangs wechseln. Damit verwandeln wir das Ereignis in ein Erlebnis. Wir beginnen, Fakten zu interpretieren, zu bewerten und mit persönlichen Empfindungen zu mischen. Wenn wir einen Sonnenuntergang beobachten, dann werden wir die Erinnerung daran mit grösster Wahrscheinlichkeit nicht als Ereignis, sondern als Erlebnis wiedergeben.

6.3   Von der Bewertung zur Beobachtung

Wer sagt schon: «Gestern sassen wir ab 18.41 Uhr für 23,5 Minuten vor unserem Haus und die Temperatur fiel von 16 auf 12,3 °C.» Viel eher werden wir beschreiben, wie wir diese Situation empfunden und erlebt haben: «Gestern Abend waren wir noch einen Moment draussen, als es plötzlich auffrischte.»

Bei allem, was Ihnen also jemand sagt, wird es sich mit grösster Wahrscheinlichkeit nicht um eine präzise Schilderung von Daten und Fakten handeln, sondern um eine Interpretation, eine Empfindung. So ist beispielsweise jedes Adjektiv, das wir verwenden, ein Hilfsmittel, um unsere individuellen Eindrücke wiederzugeben. Auch das eine völlig normale Art, sich auszudrücken. Man stelle sich einen Menschen vor, der ohne Empfindungen spricht!

Daraus folgt eine, für die zwischenmenschliche Kommunikation entscheidende, Erkenntnis:

> *Nur weil jemand etwas sagt, heisst das noch lange nicht, dass es auch so ist!*

6.4 Der Flugzeug-Modus

Da also die meisten Menschen nicht Zahlen und Fakten liefern, sondern ihre Empfindungen und Eindrücke unbewusst in das Gesagte einbetten, sprich: ihre Botschaft codieren, sprechen sie in einer Weise, die ich «Flugzeug-Modus» nenne. Sie sagen zwar «Flugzeug» denken aber an einen Doppeldecker. Willkommen im Alltag!

Natürlich gilt es auch – wie anderorts ebenfalls erwähnt – noch den berühmten Ton, der die Musik macht, zu berücksichtigen. Jede Botschaft lässt sich so ausdrücken, dass an sich keine Fragen mehr offen sind.

Doch auch hier lässt sich mittels Ein-Wort-Rückfrage-Methode herausfinden, ob der Gesprächspartner seine Botschaft wirklich so und nicht anders hatte ausdrücken wollen oder nicht, wie Sie unter Punkt 6.9 nachlesen können.

Wir denken und sprechen also fast ausschliesslich in einer bewertenden Art. Wir interpretieren Gesehenes und Erlebtes. Dies tun wir zudem fast immer unbewusst. Auch diese Art der Kommunikation ist alltäglich. Unsere Kunden bilden da keine Ausnahme.

Eine Bemerkung, eine Frage, ja auch nur ein einzelnes Wort kann daher immer auf verschiedene Weise gemeint und verstanden werden. Was genau meint ein Kunde wirklich, wenn er sagt:

6. Wie Kunden sprechen

«Ist das der beste Preis, den Sie mir anbieten können?»
«Haben Sie noch andere Produkte zur Auswahl?»
«Ich bin nicht zufrieden.»
«Wie lange dauern die Arbeiten noch?»

Wie können wir sicher sein, das Richtige verstanden zu haben? Können wir nicht! Nie! Ausser, wir fragen nach.

6.5 Die zwei Bilder

Doch tun wir das wirklich? Die Antwort ist erschütternd: Nein. Wir fragen viel zu wenig nach. Und auch dafür gibt es einen Grund. Denn die Frage lautet nicht, wann wir nachfragen oder nicht, sondern ob?

Und hier liegt der erste Hund begraben. Wann genau fragen wir in der Regel nach? Wann fragen Sie in der Regel nach? Richtig: Sicher immer dann, wenn Sie etwas nicht verstehen. Schliesslich haben wir gelernt zu fragen, wenn etwas unklar ist oder wir etwas so nicht ganz nachvollziehen können. Gut so.

Doch genau dieses angelernte und in sich sinnvolle Verhalten impliziert ein weiteres Verhaltensmuster, das uns so jedoch nicht bewusst ist, nämlich, dass wir nicht nachfragen, wenn wir denken, dass alles klar ist. Doch:

Das Bild, das uns sagt, das alles klar ist und das Bild, das nur so tut als ob, sind identisch!

Warum sollten wir auch? Wir haben es ja verstanden. Und genau hier liegt der zweite Hund: Nur weil wir das Wort, welches der Sender verwendet hat, kennen, bedeutet dies noch lange nicht, dass wir das Gleiche darunter verstehen wie er. So wie wir in unserem Archiv nach einem passenden Bild suchen, wenn wir ein Wort hören, so hat auch der Sender eine ganz bestimmte Vorstellung davon. Und dann passiert es. Wir hören ein Wort, wir kennen es und glauben noch im selben Moment zu verstehen, was der Kunde damit meint. Doch verstehen wir wirklich, was der Sender mit diesem Wort gemeint hat? Die Antwort kennen Sie schon: Nein, wir verstehen es nicht.

Nur weil jemand etwas in einer bestimmten Art sagt, fragt oder beschreibt, bedeutet dies noch lange nicht, dass es tatsächlich so ist. Ein Umstand, der zum Beispiel gerade bei Zeugenaussagen entscheidend sein kann. Wir beobachten einen Auffahrunfall, hören einen Motor hochtourig drehen und geben zu Protokoll, dass dieser Lenker zu schnell gefahren ist.

Und solange wir in unserem Archiv nach einer Interpretation eines Wortes suchen, werden wir nie erfahren, was der Sender darunter versteht. Um wirklich zu verstehen, was der Sender darunter versteht, müssen wir unser eigenes Archiv-System verlassen und um ein Bild aus dem Archiv des Senders bitten. Dazu gibt es keinen einfacheren und direkteren Weg, als die Ein-Wort-Rückfrage-Methode. Denn:

Nur weil jemand etwas sagt, heisst das noch lange nicht, dass er es auch so meint!

6. Wie Kunden sprechen

Wir sind selten in der Lage, unsere Anliegen oder unsere Fragen von Beginn an perfekt in Worte zu kleiden. Wir nehmen oft auch Dinge an und setzen Dinge voraus, die unser Partner vielleicht gar nicht kennt oder kennen kann. Darum kommt es immer wieder vor, dass wir zwar vordergründig vom Gleichen sprechen, aber eine total andere Vorstellung davon haben als der Gesprächspartner.

6.6 Intrinsische und extrinsische Beeinflusser

Warum ist das so? Viele verschiedenste Parameter beeinflussen unsere Art der Kommunikation, und damit des Zuhörens und des Sprechens. Solche Faktoren wirken ständig von aussen (extrinsisch) und von innen (intrinsisch) und können von der Vergangenheit geprägt, unmittelbar entstanden oder auch in die Zukunft gerichtet sein.

Extrinsische Beeinflusser:

Freunde	Familie	Kollegen	Beruf	Chef
Wohnort	Banken	Medien	Experten	Bücher
Finanzen	Umwelt	Märkte	Politik	Firma
Ausbildung	Erziehung	Religion	Wetter	Klima
Gespräche	Regeln	Gesellschaft	Gesetze	u. a. m.

Intrinsische Beeinflusser:

Wünsche	Glaube	Gefühle	Träume	Moral
Glaubenssätze	Erwartungen	Wünsche	Wille	Alter
Wille	Visionen	Charakter	Wissen	Talent
Selbstvertrauen	Ethik	Haltung	Ziele	Motive
Stimmung	Erinnerungen	Gesundheit	Lebensdrehbücher	
Selbstwertgefühl	u. a. m.			

Wenn wir berücksichtigen, wie stark diese Beeinflusser von aussen und innen auf uns wirken, ist es nachvollziehbar, dass kaum jemals etwas, das wir sagen, wertfrei und objektiv sein kann. Nun, das braucht es auch gar nicht. Schliesslich sind es doch gerade diese Faktoren, die einen Menschen so wertvoll und einzigartig machen.

Wenn es jedoch darum geht, zu verstehen, was jemand sagt, sind wir es ihm auch schuldig, uns um Klarheit zu bemühen.

6.7 Schweizer Maler

Vor rund fünf Jahren, als wir in einem Trainings-Modul erneut faszinierende Flugzeug-Interpretationen bestaunen durften (und ich habe in meiner Karriere wirklich schon alles gesehen) meinte einer der Teilnehmenden, dass er genau dieses Phänomen des «Flugzeug-Modus» mit einem Kunden erlebt habe. Und er schilderte uns das folgende Erlebnis:

«Als Mitarbeitender in einer Job-Vermittlung erhielt ich von einem Kunden telefonisch den Auftrag, fünf Schweizer Maler für den nächsten Tag zu organisieren. Sogleich machte ich mich daran, diese zu rekrutieren. Schon bald merkte ich aber, dass es gar nicht so einfach war, Schweizer Maler auf dem Markt zu finden.

Nach etwa drei Stunden rief ich meinen Kunden an und informierte ihn über meine bescheidene Ausbeute von gerade Mal einem Schweizer Maler. Da meinte mein Kunde, dass er bereits vier gefunden habe. Auf meine Frage, wie es ihm gelungen sei, in so kurzer Zeit vier Schweizer Maler zu finden, meinte er nur: ‹Nun, also, ähm, Schweizer Maler, sie sollten einfach Schweizerdeutsch verstehen.›»

Darauf meinte der Teilnehmende nur, dass es ihm nie im Traum in den Sinn gekommen wäre, seinen Kunden zu fragen, was er genau unter «Schweizer Maler» versteht. Schliesslich wollte er sich auch nicht blamieren.

Diese Überlegungen sind zwar nachvollziehbar, zeigen jedoch genau die Problematik des «Flugzeug-Modus» auf. Denn der Berater hätte genau das tun sollen, woran er nicht im Traum gedacht hatte. Er hätte nachfragen sollen und hätte sich dadurch einiges an Zeit und Mühe erspart. Sein Kunde sprach im «Flugzeug-Modus», hatte er doch «Schweizerdeutsch verstehen» im Kopf, formulierte dies aber als «Schweizer Maler».

6.8 Die Krux mit der Codierung

Als wäre das mit dem Flugzeug-Modus nicht schon genug, buhlt bereits ein weiteres Phänomen in der zwischenmenschlichen Kommunikation um unsere Aufmerksamkeit. Und wir tun gut daran, auch ihm unsere volle Aufmerksamkeit zu schenken, denn es beschreibt präzise, warum wir überhaupt in den Flugzeug-Modus gelangen.

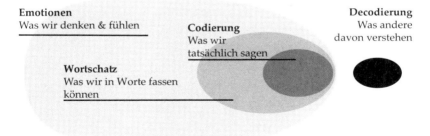

Sie erinnern sich:
Alles, was wir wahrnehmen, verbinden wir mit Emotionen, die das Beobachtete in uns auslöst. Das führt dazu, dass wir bei der Wieder-

gabe unbewusst Emotionen in unsere Schilderung einbauen. Auch das ein normaler Prozess.

Wenn wir also einen Wunsch äussern, eine Frage stellen, eine Bemerkung machen, sind diese fast immer mit einer Emotion verbunden. Alles, was wir tun, entspringt zudem einem Motiv. So ist es nachvollziehbar, dass unsere gesamte Kommunikation immer emotionalen Ursprungs ist.

Emotionen in Worte zu fassen, ist ein sehr abstrakter Vorgang, denn nicht jedes Wort passt immer perfekt. Kommt erschwerend dazu, dass wir ein Wort erst kennen müssen, bevor wir es verwenden können. Je mehr Worte uns also zur Verfügung stehen, desto grösser die Chance, das treffende zu finden. Doch eine Garantie dafür gibt es nicht.

Es ist daher nur verständlich, dass wir daran scheitern können, unsere Emotionen so in Worte zu fassen, dass der Partner sie auf Anhieb verstehen kann, wenn wir selber nicht in der Lage sind, die treffenden Worte zu finden.

Mit der Ein-Wort-Rückfrage-Methode steht uns jedoch einmal mehr ein Instrument zur Verfügung, mit dem wir innert kürzester Frist unserem Gesprächspartner aktiv helfen können, seine Absichten, Gefühle und Motive zu präzisieren.

6.9 C'est le ton qui fait la musique

Jede Botschaft wird auf eine ganz persönliche Art codiert. Codieren heisst in diesem Zusammenhang also nichts anderes, als dass wir zusätzliche Informationen in eine Botschaft packen, uns aber dessen in der Regel nicht bewusst sind. Ein Code ist zum Beispiel unsere Sprache, unser Dialekt oder auch etwa die Art und Weise, wie wir etwas betonen. Diese Information einer Botschaft ist für einen Zuhörer immer aussagekräftiger als der Inhalt selbst.

So wie wir Botschaften, die wir senden, codieren, so decodieren oder filtern wir alle Botschaften, die wir empfangen.

Lesen Sie dazu auch [> Kapitel 7 – Wie Kunden zuhören]

Botschaften können auch bewusst codiert werden. Zum Beispiel mit Humor, Sarkasmus oder Ironie. Meist aber codieren wir unbewusst. Eine Codierung verfolgt in der Regel immer einen bestimmten Zweck. Einmal wollen wir, dass jemand etwas tut, ein andermal drücken wir damit ein bestimmtes Gefühl aus.

Mit einer bewussten Codierung nehmen wir Rücksicht auf jemanden und wählen unsere Worte daher sorgfältig aus. So können wir mit der einen Person Klartext sprechen, eine andere jedoch bedarf einer etwas sanfteren Gangart.

Je nachdem, wie wir uns fühlen, welche Beziehung wir zu unserem Gesprächspartner haben, in welcher emotionalen Verfassung wir uns befinden oder welche Absichten wir verfolgen, werden wir mal mehr, mal weniger bewusst unsere Botschaften codieren.

Je nachdem, wie gut es uns gelingt, die Botschaft des Senders zu decodieren, wird es uns leichter fallen, seinen Code und damit zum Beispiel seinen Wunsch, seine Ablehnung, seinen Auftrag und die damit verbundenen Emotionen im Sinne des Senders entschlüsseln zu können.

In einer gut funktionierenden Partnerschaft – beruflich und privat – läuft dieser Prozess rund. Und dennoch passiert es uns immer wieder, dass wir der Übersetzung unseres Beziehungsfilters erliegen. Wie auch in diesem Beispiel:

Mann: «Was ist das Grüne auf dem Kartoffelstock?»
Frau: «Probier doch einfach!»

Mann: «Ich frage ja nur!»
Frau: «Ich weiss ja, wie du fragst.»

Sie hätte ja auch einfach sagen können:
«Das ist Petersilie, Schatz.»

Und mit einer Prise Sarkasmus hätte sie sagen können:
«Das wäre eben Petersilie, Schatz.»

Womit sie zusätzlich den Hinweis vermittelt hätte:
«Wenn du mir etwas mehr in der Küche helfen würdest, wüsstest du, was das ist...»

6.10 Wie die Ein-Wort-Rückfrage-Methode uns hier zusätzlich unterstützt

Wenn ein Mensch spricht, ist es der Versuch, seine Gedanken in Worte zu fassen. Ziel ist es, uns so auszudrücken, dass dabei unsere Ideen, unsere Wünsche, Erwartungen, Hoffnungen und vieles mehr von einem zuhörenden Partner in unserem Sinne verstanden werden.

Wenn uns dies jedoch nicht auf Anhieb oder nur in beschränktem Masse gelingt, sind Missverständnisse vorprogrammiert.
Wie oft haben Sie schon jemanden sagen hören: «Wenn du weisst, was ich meine ...» oder «Du weisst ja, wie ich das meine ...» oder «Du solltest doch wissen, was ich meine, wenn ...»

Nachfragen ist immer ein Zeichen von Interesse und Respekt. Im Beruf und in der Partnerschaft.

6. Wie Kunden sprechen

Um wirklich zu verstehen, was unser Gesprächspartner ausdrücken will, reicht es meist nicht, nur seinen Worten zu folgen. Um Interpretationen und Missverständnisse zu vermeiden, sind wir fast immer gezwungen, das Gesagte konstruktiv zu hinterfragen. Denn es kann eben sehr wohl sein, dass wir zwar das Wort verstehen, jedoch nicht die Bedeutung, die unser Gesprächspartner diesem Wort im Moment zuordnet.

Der einfachste Weg zu mehr Klarheit führt auch hier über die Ein-Wort-Rückfrage-Methode. Sie hilft uns in jeder Situation, Gesagtes derart zu hinterfragen, dass der Gesprächspartner dies als Zeichen von Interesse erlebt und wir so schnell und direkt ergründen, was wirklich Sache ist.
Was passiert aber, wenn wir das nicht tun? Wenn wir glauben, wir hätten alles verstanden? Was, wenn der Gesprächspartner – wie schon so oft erlebt – eben gerade im Flugzeug-Modus spricht?
Dann werden wir vielleicht nicht im Sinne des Kunden reagieren, nicht nachfragen, sondern voreilige Schlüsse ziehen und meinen, wir hätten ihn verstanden.
Wie oft schon haben Sie sich als Kunde unverstanden gefühlt? Wie oft hatten Sie den Eindruck, dass Ihr Gesprächspartner nicht wirklich auf Ihre Bedürfnisse eingegangen ist? Wie oft haben Sie den Eindruck gewonnen, Ihr Partner argumentiere zu viel und sollte sich mehr um Ihre Anliegen kümmern?

Auch hier hilft uns die Ein-Wort-Rückfrage-Methode. Denn in dem Moment, in dem wir nachfragen, signalisieren wir dem Kunden, dass wir mehr über ihn und seine Bedürfnisse wissen möchten. Das ist reine Psychologie.

Lesen Sie dazu auch [> Kapitel 9 – Die kundenzentrierte Kommunikation]

Mit der Ein-Wort-Rückfrage-Methode helfen wir dem Kunden auf dem Weg von einer bewertenden, interpretierenden Kommunikation in eine beobachtende zu gelangen.

Je präziser er einen Tatbestand, eine Erwartung oder ein Gefühl beschreiben kann, desto mehr Beobachtungen wird er uns liefern können. Und über Beobachtungen im Sinne von Zahlen, Daten und Fakten lässt sich immer diskutieren. Bewertungen hingegen können uns irreführen oder zu falschen Interpretationen verleiten.

Natürlich bleibt ein solches Gespräch weiterhin anregend und ist keineswegs trocken. Im Gegenteil. Je besser ein Kunde – Dank Ihrer Unterstützung – seine Bedürfnisse umschreiben und präzisieren kann, desto eher werden Sie genau das für ihn finden, was er sucht. Ihr Kunde wird Ihnen dafür dankbar sein.

Die Ein-Wort-Rückfrage-Methode bewahrt uns also zuverlässig vor möglichen Fehlinterpretationen, Missverständnissen oder gar Handlungen, die wir aufgrund falscher Annahmen getroffen haben. Sie hilft zudem, Konflikte zu vermeiden oder diesen vorzubeugen.

7 Wie wir zuhören
und wie die Ein-Wort-Rückfrage-Methode uns hilft, noch bessere Zuhörer zu werden

Welche Farbe hat eine gelbe Zitrone, wenn Sie sie durch eine Brille mit blauen Gläsern betrachten? Wenn Sie jetzt grün denken, dann bitte ich Sie, die Frage nochmals zu lesen. Und? Nun, die Farbe der Zitrone ist faktisch natürlich immer noch gelb. Aber es kann gut sein, dass Sie die Farbe durch den Blaufilter der Gläser grün wahrnehmen. Doch was gilt jetzt? Wo liegt die Wahrheit?

7.1 Von der Wahrnehmung zur Wahrheit

Wo liegt die Wahrheit? Wo liegt Ihre Wahrheit? Denn egal, wie wir das Beispiel der Zitrone betrachten, egal, ob grün oder gelb – was am Ende zählt, ist Ihre Meinung. Viel entscheidender ist daher die Frage, wie eine Meinung gebildet wird.

Verlassen Sie sich im Fall der gelben Zitrone auf Ihr Wissen, das Ihnen sagt, dass Sie die Zitrone zwar grün wahrnehmen können, aber ihre Farbe immer noch gelb ist? Oder verlassen Sie sich auf Ihre Wahrnehmung? Doch bitte bedenken Sie:

> *Wenn wir unsere Wahrnehmung nicht hinterfragen, wird diese zu unserer Wahrheit.*

Daraus lässt sich nur eine Schlussfolgerung ziehen. Wir sollten vermehrt hinterfragen, was wir wahrnehmen. Und einmal mehr sind wir bei der Frage angelangt, ob wir denn alles hinterfragen sollen.

Und einmal mehr lautet die Antwort: nicht alles, aber sicher mehr als bisher.
Im Beispiel der gelben Zitrone ist das ja harmlos, denn es gibt dafür eine einfache Lösung:

Wenn wir wissen wollen, welche Farbe die Zitrone tatsächlich hat, dann brauchen wir ja nur unsere Brille abzunehmen. Ist doch logisch und einfach dazu. An sich schon, doch:

> *Um eine Brille abnehmen zu können, muss ich mir zuerst bewusst werden, dass ich überhaupt eine trage!*

Bezogen auf die Filter bedeutet dies:
Um unsere Art des Zuhörens, die wesentlich von unserem Filtersystem geprägt ist, aktiv zu beeinflussen, müssen wir uns in einem ersten Schritt überhaupt erst einmal bewusst werden, dass es diese Filter gibt.

Das haben wir soeben getan.

Doch im Gegensatz zu einer Brille lassen sich diese Filter nicht so einfach abnehmen. Sie lassen sich überhaupt nicht abnehmen. Sie sind festmontiert, verschraubt, angeschweisst und fixiert. Kurz: Sie sind immer aktiv. Und so einfach abstellen lassen sie sich eben auch nicht.
  Dennoch gibt es auch hier eine gute Nachricht: Mit dem nötigen Know-how und entsprechender Übung lassen sie sich soweit beeinflussen, dass wir unsere Wahrnehmung von Botschaften und Informationen bewusster und gezielter hinterfragen können.
Am effektivsten gelingt das mit der Ein-Wort-Rückfrage-Methode.

7.2 Wir filtern. Immer.

Menschen filtern Bilder und interpretieren Botschaften. Und zwar immer. Auch Kunden (Wer hätte das gedacht?). Woran wir erkennen, dass unsere Kunden Botschaften filtern, und wie wir erfahren, was sie wirklich gehört haben, erläutere ich unter Punkt 7.4. Sie können davon ausgehen, dass uns auch hier die Ein-Wort-Rückfrage-Methode wertvolle Dienste leisten wird.

7.3 Filter sind wertvoll

Filter haben verschiedenste Aufgaben, die in vielen Situationen sehr hilfreich sind. Stellen Sie sich nur einmal kurz vor, dass Sie alle Informationen und Signale, die Sie jetzt gerade aus Ihrer Umgebung empfangen, bewusst und in gleicher Intensität wahrnehmen würden.

Das Blättern der Seite, das Ticken einer Uhr, die Geräusche von draussen, das Licht der Lampe, die Sonne, den Regen, und vieles mehr. Sie wären nach wenigen Minuten am Rande eines Nervenzusammenbruches. Ihr zentrales Nervensystem könnte nicht mehr zwischen wichtig und unwichtig, zwischen sinnvoll und störend unterscheiden. Wie sollen all diese Informationen priorisiert werden?

Es wäre ein heilloses Durcheinander, eine Kakofonie sondergleichen. Nur gut, dass uns da unser eingebautes Filtersystem hilft. Es sorgt dafür, dass wir den weitaus grössten Teil aller Informationen in verdaubarer Dichte und Menge wahrnehmen und verarbeiten können. Und das Gute daran: Es geschieht einmal mehr unterbewusst.

Es gelangt also nur ein geringer Teil davon direkt in unser Bewusstsein. Einige Zahlen liegen bei zehn bis zwanzig Prozent, andere liegen noch tiefer. Wie dem auch sei – Filter helfen uns, uns im Alltag zurechtzufinden. So werden Sie sich also auch weiterhin dem bewussten Genuss der Lektüre dieses Buches hingeben können.

7.4 Die vier Filtersysteme

So wie wir also alle Signale, die uns erreichen, unbewusst filtern, so filtern wir damit auch alle Botschaften, die ein Sender uns zukommen lässt. Diesen Filtern hat sich der deutsche Psychologe und Kommunikationswissenschaftler, Friedemann Schulz von Thun, Gründer des Schulz von Thun Instituts für Kommunikation in Hamburg, besonders gewidmet. Er hat vier Filtersysteme definiert, die in unserem Unterbewusstsein stetig in Bewegung sind. Es sind dies:

- der Sach-Filter
- der Selbstoffenbarungs-Filter
- der Beziehungs-Filter
- der Appell-Filter

Schulz von Thun spricht dabei auch von den vier Ohren, mit denen wir Botschaften hören. Je nachdem, was wir erlebt haben, wie wir uns fühlen, mit wem wir gerade kommunizieren und welche Absichten wir haben, filtern wir Botschaften unbewusst nach jenen Inhalten, die diese vier Filter herausfiltern.

Dabei können einer oder mehrere Filter gleichzeitig aktiv sein. Ohne allzu detailliert auf diese Systeme einzugehen – dafür empfehle ich das Studium der Werke von Friedemann Schulz von Thun – hier eine kurze Übersicht:

7.4.1 Der Sach-Filter oder das Sach-Ohr

Der Sach-Filter filtert – sofern aktiv – die reine Information, die die Botschaft enthält. Es geht hierbei um Fakten, Zahlen und Daten, also den reinen faktischen Inhalt einer Äusserung. Als Empfänger konzentrieren wir uns daher vorwiegend auf den rein sachlichen Inhalt einer Botschaft. Wir werden auf dieser Basis entscheiden, ob der Sachinhalt wahr, unwahr, nachvollziehbar, sinnvoll sowie relevant oder irrelevant ist und ob diese Botschaft für uns ausreichende oder nicht ausreichende Informationen beinhaltet.

7.4.2 Der Selbstoffenbarungs-Filter oder das Selbstoffenbarungs-Ohr

Der Selbstoffenbarungs-Filter filtert – sofern aktiv – Informationen, die der Sender über sich preisgibt. Dieser Filter untersucht die Botschaft des Senders also nach Informationen, die der Sender über sich offenbart und gibt Antwort auf Fragen zu den Gefühlen des Senders, seinem Zustand und seinen Wünschen.
Unabhängig davon, ob der Sender Dinge explizit, zum Beispiel via Ich-Botschaften über sich preisgibt, werden wir als Empfänger mit unserem Filtersystem unbewusst Informationen über den Sender erhalten.

7.4.3 Der Beziehungs-Filter oder das Beziehungs-Ohr

Der Beziehungs-Filter filtert – sofern aktiv – Informationen darüber, wie der Sender zum Empfänger steht und was er folglich von diesem hält. Solche Informationen empfinden wir immer als bewertend. Positiv oder negativ.
Wenn wir also eine Nachricht auf dem Beziehungsohr hören,

können wir uns wertgeschätzt, respektiert, verstanden, bestätigt; aber auch gedemütigt, missachtet sowie abgelehnt fühlen. Doch Achtung! Diese Information entsteht aus unserer eigenen unbewussten Interpretation. Ob unsere Wahrnehmung den Tatsachen entspricht, bleibt offen.

Es fällt auf, dass viele Menschen über ein dominantes, also ausgeprägtes Beziehungsohr verfügen. Da besonders diesem Filter in der zwischenmenschlichen Kommunikaton eine entscheidende Bedeutung beigemessen wird, werden wir auf den folgenden Seiten noch Genaueres über ihn erfahren.

7.4.4 Der Appell-Filter oder das Appell-Ohr

Der Beziehungs-Filter filtert – sofern aktiv – Informationen darüber, was der Sender von uns will. Durch diesen Filter nehmen wir Wünsche, Aufforderungen, Ratschläge oder Anweisungen wahr. Hören wir eine Nachricht mit unserem Appell-Filter, fragen wir uns: Was soll ich jetzt tun?

Lassen Sie mich noch einmal betonen, dass diese Filter in der Regel völlig autonom und durch unser Unterbewusstsein gesteuert werden. Das heisst, dass es gut möglich ist, dass wir Inhalte, Zustände, Bewertungen und Absichten heraushören, die niemand wirklich so geäussert hat.
Natürlich wird auch der Sender immer seinen Part dazu beitragen, dass Absichten und Wünsche klar erkennbar sind. Doch der definitive Entscheid, wie ein Bild auf uns wirken soll, liegt immer bei uns!

Wir haben immer die Möglichkeit, eine Botschaft, eine Frage oder eine Meinung anders zu interpretieren, als sie gedacht war. Wenn es uns gelingt, unsere Filter bewusster zu steuern, indem wir das Gehörte bewusster hinterfragen, werden wir Kunden schneller besser verstehen. Dazu braucht es einerseits Kenntnisse über die Filter und deren Wirkung. Andererseits geht es darum, aus den Antworten und Reaktionen des Kunden erkennen zu können, wie er eine Botschaft gefiltert respektive interpretiert hat.

7.5 Dominante Filter

Und nun wird es eigenartig. Denn wir decodieren auch dann Botschaften, wenn der Sender nur einen schwachen Code oder einen ganz anderen Code verwendet hat!

In der Umsetzung bedeutet dies nichts anderes, als dass wir viel zu oft annehmen, wir hätten den Gesprächspartner verstanden. Manchmal hören wir die codierten oder versteckten Botschaften des Empfängers klar und deutlich. Doch manchmal nur ganz zart und manchmal überhaupt nicht.

> *Die meisten Menschen reagieren nicht auf das, was jemand gesagt hat, sondern auf das, was sie glauben gehört zu haben.*

Und es soll auch immer wieder vorkommen, dass Botschaften bewusst nicht verstanden werden. Zudem wurde mir von verschiedenen Quellen zugetragen, dass selbige Eigenschaft ab und an tatsächlich auch Konflikte vermeiden könne. Andere wiederum wollen wissen, dass gerade das Gegenteil der Fall sei. Man kann es drehen und wenden, wie man will. Codierung und Decodierung laufen meist unbewusst ab.

Vielleicht haben Sie sich bei einem versehentlichen und selbstverständlich absolut unbeabsichtigten Aufschnappen eines Dialoges ja auch schon mal gefragt, wie es sein kann, dass zwei Menschen so präzise und so messerscharf aneinander vorbeireden können. Die Folgen solcher Missverständnisse sind – je nachdem, in welchem Kontext die Kommunikation stattfindet – mannigfaltig. Wer sich oder andere schon mal hat sagen hören, dass er natürlich «Davon ausgegangen sei, dass ...» oder dass sie «Ja erwarten könne, dass ...» oder dass es «Doch nun wirklich klar sein sollte, dass ...», der weiss, wovon ich spreche.

Eine Kommunikation hat also immer dann eine Chance, erfolgreich zu sein, wenn Sender und Empfänger den gleichen Code verwenden, was eben nicht immer der Fall ist. Allein die unheilige Allianz zwischen Erwartung und Enttäuschung sorgt beruflich wie privat regelmässig für rote Köpfe, Tränen und Zoff.

> *Enttäuschungen sind sehr oft nichts anderes als das Resultat nicht oder mangelhaft kommunizierter Erwartungen.*

Jeder Mensch filtert. Und jeder Mensch hat den einen oder anderen Filter etwas stärker entwickelt. In einem solchen Fall spricht man von einem dominanten Filter. Je nachdem, welcher Filter in einem Menschen dominant wirkt, verändert sich auch die Art des Zuhörens und der Interpretation von Botschaften. Ungeachtet der Art, wie diese Botschaften codiert worden sind.

Eine solche Art der Prägung eines Filters geschieht zum Beispiel während der Erziehung durch entsprechende Massnahmen oder Verhaltensweisen der erziehungsdominanten Personen. Das können die Eltern sein, die Grosseltern, der ältere Bruder, ein Lehrer oder andere für einen jungen Menschen relevante Bezugspersonen.

Einschneidende Erlebnisse oder traumatische Erfahrungen können ebenfalls zu einer allgemeinen Verschiebung / Trübung der eigenen Wahrnehmung führen. Genetische Konditionierungen sind weniger bekannt.

Hier ein paar generelle Hinweise und Folgen zu dominant arbeitenden Filtern:

7.5.1 Dominanter Sach-Filter

Menschen, die öfter mit dem Sach-Filter hören, konzentrieren sich unbewusst auf eher abstrakte Inhalte wie Zahlen, Daten und Fakten. Sie legen mehr Wert auf objektiv messbare Parameter. Ihre Kommunikation ist geprägt von sachlicher Argumentation. Sie vertrauen Zahlen mehr als Gefühlen. Sie behaupten von sich, rational zu entscheiden. Kopf vor Bauch. Solche Menschen analysieren, wägen ab, studieren, machen Pro-Kontra-Listen und entscheiden selten spontan oder intuitiv.

Bei extremer Ausprägung kommt es zu Störungen in der Kommunikation durch einen Mangel an Empathie. Anliegen, Wünsche und Bedürfnisse eines Partners können nur schwer nachvollzogen werden. Ihre Antworten und Reaktionen sind geprägt von logischen Gedankengängen.

Der Sachfilter hilft, Emotionen aus einem Gespräch zu nehmen, um rascher und konzentrierter zu einer Lösung zu gelangen. Durch das bewusste Gewichten des Sach-Filters in einem Dialog können emotionale Einflüsse minimiert oder ganz ausgeblendet werden, was je nach Stärke solcher Faktoren durchaus sinnvoll sein kann.
Dieser Weg mag zwar weniger emotional sein als andere, birgt jedoch immer das Risiko, auf einen Gesprächspartner / Kunden kalt, anteilslos oder desinteressiert zu wirken.

Wenn Sie erkennen, dass Sie einen grossen Teil der Botschaften vor allem mit dem Sach-Filter decodieren, hier mein Tipp:

Erlauben Sie sich, mit der Ein-Wort-Rückfrage-Methode auch zwischen den Zeilen zu lesen, respektive herauszuhören, was Ihr Kunde mit seinen Worten über seine Absichten und Emotionen ausdrückt. Es ist nie alles schwarz oder weiss.
Nur weil Ihr Kunde ein Wort verwendet, welches Sie kennen, hat er vielleicht eine andere Vorstellung davon. Sie gewinnen dadurch wertvolle Informationen über die Befindlichkeit des Kunden.
Die Ein-Wort-Rückfrage-Methode hilft Ihnen, mehr über die Absichten des Kunden zu erfahren, als er kommuniziert.

7.5.2 Dominanter Selbstoffenbarungs-Filter

Menschen mit einem ausgeprägten Selbstoffenbarungs-Filter haben einen natürlichen Drang, sich um das Empfinden des jeweiligen Gesprächspartners zu kümmern. Sie hören in einem Dialog schneller als andere, wie es um den Partner steht, was er fühlt und wie es ihm geht. Was gerade in sozialen Berufen oder in der Kundenorientierung sehr wertvoll ist, kann zuweilen auch störend sein, da ein solcher Mensch auch mal zu viel in etwas hineininterpretieren kann.

Ein zu dominanter Selbstoffenbarungs-Filter kann zu einem übersteigerten Hineinhören in einen Partner führen. Diese Menschen hören dadurch oft Inhalte und Stimmungen heraus, die so gar nicht existieren oder ausgedrückt werden wollten. Sie werden oft als zu fürsorglich, klammernd oder zu beschützend empfunden.

In der klassischen Kundenorientierung ist der bewusste Einsatz des Selbstoffenbarungs-Filters jedoch immer dann wertvoll, wenn es darum geht, mehr über den Kunden zu erfahren. Gleichzeitig hilft er, die Dominanz des Beziehungs-Filters zu kontrollieren.

Wenn Sie erkennen, dass Sie einen grossen Teil der Botschaften vor allem mit dem Selbstoffenbarungs-Filter decodieren, hier mein Tipp:

> Sorgen Sie mit der Ein-Wort-Rückfrage-Methode dafür, dass Sie aus den Äusserungen des Kunden nicht vorschnell falsche Schlüsse ziehen. Vielleicht hat Ihr Kunde es ja tatsächlich für einmal genau so gemeint, wie er es gesagt hat.
> Sicher haben Sie mit einem dominanten Selbstoffenbarungs-Filter sehr gute Voraussetzungen für einen Beruf in der Dienstleistungsbranche. Dennoch muss nicht hinter jeder Bemerkung eine versteckte Botschaft stecken. Sie gewinnen dadurch mehr Lockerheit, ohne den Kunden aus den Augen zu verlieren.

7.5.3 Dominanter Beziehungs-Filter

Menschen mit einem dominanten Beziehungs-Filter beklagen sich oft darüber. Natürlich geschieht dies nicht expressis verbis mit der Nennung des besagten Filters. Meist umschreiben wir diesen Umstand damit, dass wir Dinge zu rasch zu persönlich nehmen.

Wir tun uns schwer damit, Bemerkungen neutral aufzunehmen und zu analysieren. Zu rasch hören wir Vorwürfe, Kritik, Einwände oder gar Angriffe, auf die wir dann meist mit Gegenargumenten oder Rechtfertigungen reagieren.

Dieser Filter ist bei der Mehrheit der Menschen ausgeprägt. Da er gerade auf eine kundenzentrierte Kommunikation einen absolut entscheidenden negativen Einfluss haben kann, werden wir seine

Wirkungsweise unter Punkt 7.6 gleich noch etwas genauer betrachten.

Wenn Sie erkennen, dass Sie einen grossen Teil der Botschaften vor allem mit dem Beziehungs-Filter decodieren, hier mein Tipp:

Verschaffen Sie sich mit der Ein-Wort-Rückfrage-Methode die Zeit, die Sie brauchen, um zu erkennen, was der Kunde wirklich von Ihnen will.

Vielleicht ist seine Formulierung einfach unglücklich gewählt oder er war nicht in der Lage, sich besser auszudrücken. Das meiste ist nicht persönlich gemeint, auch wenn es persönlich wirkt. Sie gewinnen dadurch mehr Sicherheit und Selbstvertrauen.

7.5.4 Dominanter Appell-Filter

Menschen mit einem dominanten Appell-Filter fühlen sich rasch zu einer Handlung aufgefordert. Noch bevor sie verbal auf eine Bemerkung reagieren, sind sie oft schon physisch in Aktion getreten. Solche Menschen fühlen sich verpflichtet, Dinge für andere zu erledigen, auch wenn ein solcher Auftrag faktisch nicht erteilt wurde.

Gerade in Berufen, in denen eine dienende, service-orientierte Haltung bevorzugt wird, fühlen sich diese Menschen gut aufgehoben. In der Kundenorientierung durchaus wertvoll, kann es aber auch rasch zu viel des Guten sein.

In Kombination mit einem starken Selbstoffenbarungs-Filter sind solche Menschen oft sehr aufmerksame Gastgeber und Gästebetreuer. Sie lesen dem Kunden jeden Wunsch von den Lippen ab.

Andererseits reagieren solche Menschen oft zu rasch und können so auch zu aufmerksam und dadurch sogar aufdringlich wirken.

Wenn Sie erkennen, dass Sie einen grossen Teil der Botschaften vor allem mit dem Appell-Filter decodieren, hier mein Tipp:

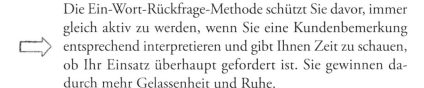

Die Ein-Wort-Rückfrage-Methode schützt Sie davor, immer gleich aktiv zu werden, wenn Sie eine Kundenbemerkung entsprechend interpretieren und gibt Ihnen Zeit zu schauen, ob Ihr Einsatz überhaupt gefordert ist. Sie gewinnen dadurch mehr Gelassenheit und Ruhe.

7.6 Der Beziehungs-Filter oder wenn der Limoncello alle ist

Kürzlich rief ich im Verlag eines Fachmagazins an, das einen Artikel von mir zum Thema kundenorientierte Kommunikation veröffentlicht hatte, um mich bei der Redaktion zu bedanken. Ich fragte die Dame am anderen Ende des Drahtes: «Ihr Verlag hat kürzlich einen Artikel von mir veröffentlicht. Ist es möglich, dass ich mit dem Chefredaktor sprechen kann?» Die Antwort der jungen Frau war ebenso bezeichnend wie häufig. Meinte sie doch: «Oh, war etwas nicht in Ordnung?»

Haben Sie es auch schon erlebt, dass Menschen annehmen, etwas sei nicht okay oder nicht in Ordnung, unabhängig davon, wie Sie fragen? Und haben Sie sich vielleicht auch schon selber dabei ertappt, dass Sie Dinge als Vorwurf interpretiert haben, um anschliessend erkennen zu müssen, dass es gar nicht so gemeint war?

Wenn ja, dann gehören Sie zur Mehrheit. Denn fast alle Menschen tendieren dazu, Äusserungen anderer zu rasch als eine Bewertung zu interpretieren. Die meisten Menschen verfügen über einen ausgeprägten Beziehungs-Filter.

Warum reagieren so viele Menschen auf diese Art? Einer der Gründe liegt darin, dass wir von Geburt an stetig auf der Suche nach

Anerkennung, Zuneigung und Streicheleinheiten sind, um uns als Mensch wertvoll, gewertschäz und geliebt zu fühlen. Anerkennung gilt daher auch als das wichtigste soziale oder psychologische Grundbedürfnis des Menschen. Um unsere tägliche Ration an Streicheleinheiten zu erhalten, durchforstet unser Unterbewusstsein regelmässig alle Botschaften, die wir wahrnehmen, nach möglichen Zeichen der Anerkennung.

> *Wer Fragen stellt, vermittelt Anerkennung.*

Bei dieser Suche nach positiven Bewertungen kommt naturgemäss auch immer wieder dazu, dass wir es mit Aussagen zu tun bekommen, die wir nicht als eindeutig positiv bewerten können. Und immer dann, wenn etwas nicht positiv ist, sorgt unser Beziehungs-Filter dafür, dass wir es eben als eher negativ empfinden, unabhängig davon, wie es gemeint war.

Ein weiterer Grund findet sich in der menschlichen Entwicklungsgeschichte. Die Evolution hat uns gelehrt, vorsichtig zu sein. Jede potenzielle Gefahr kann für uns tödlich sein. Überleben ist die wichtigste Instruktion, die uns die Natur mitgegeben hat.

Wir haben über all die Millionen Jahre gelernt, auf negative Signale wesentlich empfindsamer zu reagieren als auf positive. Eine äusserst wertvolle Überlebensstrategie.

Auch heute reagieren wir auf negative Impulse geschätzt rund dreimal so intensiv wie auf positive. Auch dann, wenn sie schon lange keine unmittelbare Gefahr mehr darstellen. Dennoch zucken wir zusammen oder weichen automatisch zurück, wenn wir uns erschrecken; hohe Töne empfinden wir als unangenehm, da sie als Gefahrensignal in unserem Erbgut verankert sind.

Oder lieben Sie den angenehm entspannenden Ton, der entsteht, wenn Sie mit den Fingernägeln über eine Wandtafel … sehen Sie? Allein der Gedanke daran lässt uns die Haare zu Berg stehen. Auch das übrigens ein angeborener Reflex bei Gefahr.

Diese Art der Fokussierung auf negative Inhalte widerspiegelt sich auch in unserer Presselandschaft, die von negativen Schlagzeilen geradezu strotzt. Es ist nicht so, dass wir diese negativen Meldungen bevorzugen. Es ist einfach so, dass wir uns von ihnen evolutionsbedingt mehr in ihren Bann ziehen lassen als von den positiven.

Wir haben in diesem Buch schon unzählige Beispiele kennengelernt, die zeigen, wie rasch wir Bemerkungen und Fragen von Kunden und Partnern als Vorwürfe oder Kritik empfunden haben. Und dies eben auch ungeachtet der Art und Weise, wie diese formuliert wurden. Denken Sie nur an meine Frage an die Dame des Verlages, die ich einleitend zu diesem Abschnitt erwähnt habe.

Lesen Sie dazu auch [>Kapitel 11 – Konfliktsituationen]

Und was ist jetzt mit dem Limoncello? Das ist dieser süsse, bekannte, mehrheitlich von Frauen bevorzugte, neapolitanische Zitronenlikör. Dazu folgende kleine Anekdote: Meine Frau und ich hatten auf einer unserer Reisen Gelegenheit, eine solche Flasche zu erwerben, die sich jedoch zu Hause nach einiger Zeit auf mystische Art und Weise geleert hatte.

Kurzerhand beschlossen wir, eine neue zu kaufen. Wer zuerst eine sähe, sollte sie doch kaufen und zu Hause in den Kühlschrank stellen. Schon kurze Zeit später entdeckte ich eines Abends in unserem Kühlschrank eine neue Flasche und fragte meine Frau, da ich sah, dass sie bereits davon gekostet hatte, ob er denn auch schmecke.

Eine durchaus nachvollziehbare Antwort wäre gewesen: «Ja, fein, lecker» oder sonst etwas in diese Richtung. Doch das hatte meine Frau nicht gesagt. Was sie gesagt hatte, verwende ich immer wieder gerne in meinen Trainings. Meinte sie doch: «Ich hab' nur ganz wenig gekostet!»

7.7 Wie die Ein-Wort-Rückfrage-Methode uns hier zusätzlich unterstützt

Es ist in der Tat nicht einfach, dem Drang, Negatives zu hören, zu widerstehen. Besonders wenn wir erkennen, dass unser Unterbewusstsein eine Botschaft jeweils innert dem Bruchteil einer Sekunde auswertet und interpretiert. Die Ein-Wort-Rückfrage-Methode hilft uns jedoch genau in diesem Moment, nicht vorschnell zu reagieren.

Eine grosse Herausforderung liegt darin, die durch das Filtern entstanden Emotionen zu akzeptieren. Emotionen, die entstehen, wenn wir etwas hören oder sehen, lassen sich nie eliminieren. Doch wir können lernen, ihre Wirkung zu kontrollieren. Und genau dabei unterstützt uns ebenfalls die Ein-Wort-Rückfrage-Methode. Natürlich kann auch sie die Emotionen nicht auslöschen, doch sie verschafft uns die nötige Zeit, diese zu überprüfen.

In dem Moment, in dem wir unseren Gesprächspartner nach weiteren Informationen fragen, vermeiden wir zusätzlich eine vorschnelle Reaktion in Form von Argumenten oder gar Rechtfertigungen. Gleichzeitig erfahren wir, um was es wirklich geht, um danach neu entscheiden zu können, wie die nächsten Schritte aussehen sollen.

Mit der Zeit werden wir erkennen, dass es sich fast immer lohnt, nicht direkt auf eine (als negativ interpretierte) Botschaft zu reagieren, sondern abzuklären, ob der Sender diese Botschaft tatsächlich so verstanden haben wollte. Diese Handlung nennt sich übrigens Klärung. Alles klar?

Wenn ein Mensch spricht, ist es der Versuch, seine Gedanken in

Worte zu fassen. Dass ihm dies nicht immer auf Anhieb perfekt gelingt, haben wir unter Punkt 6.4 «Flugzeug-Modus» erfahren. Umso entscheidender ist es also, in jedem Fall davon auszugehen, dass seine erste Botschaft noch nicht die definitive ist. Das wiederum lässt die Schlussfolgerung zu, dass auch die damit verbundenen und von uns empfundenen Emotionen nicht als hundert Prozent gesichert zu bewerten sind. Denn:

> *Nur weil etwas persönlich wirkt, muss es nicht persönlich gemeint worden sein.*

Wir tun daher gut daran, die Wirkung des Beziehungs-Filters zu kontrollieren. Wenn es uns zudem gelingt, den Sach-Filter und den Selbstoffenbarungs-Filter etwas hochzufahren, sind wir auf dem besten Weg zu einer kunden- oder partnerzentrierten Haltung, die jeden Dialog extrem entspannen kann. Am besten gelingt dieses Unterfangen mit der Anwendung der Ein-Wort-Rückfrage-Methode.

Lesen Sie dazu auch [>Kapitel 9 – Die kundenzentrierte Kommunikation]

8 Die egozentrierte Kommunikation
und wie die Ein-Wort-Rückfrage-Methode uns hilft, diese zu vermeiden

Egozentriert kommunizieren heisst nichts anderes, als dass sich unser Denken und Handeln primär nach unseren Ideen, Wertvorstellungen, Parametern, Erlebnissen und Erfahrungen richtet. Wie bereits erwähnt, ist dies unsere alltägliche Vorgehensweise.

8.1 Die Kommunikation des Alltags

Schon als Kind haben wir gelernt, unsere Vorteile zu erkennen. So sind zum Beispiel die meisten unserer Fragen im Alltag egozentriert, das heisst, dass sie auf einen Vorteil für uns ausgerichtet sind. Auch das völlig normal, da jeder Mensch ohnehin immer und ausnahmslos auf der Suche nach Nutzen ist.

Der Grund dafür liegt in unserer Art des Denkens und Sprechens. Also in der Art, wie wir gelernt haben, unsere Welt wahrzunehmen. Dabei haben wir ein Verhalten entwickelt, das sich in erster Linie um unsere eigenen Nutzen kümmert. Das ist auch absolut in Ordnung.

Wir fragen: «Wohin gehst du?»,
damit wir unsere Tätigkeit danach richten können. Vielleicht auch, weil wir entscheiden wollen, ob wir mitgehen möchten oder nicht.

Wir fragen: «Was gibt es denn heute Abend zu essen?»
und wollen damit unsere Neugierde befriedigen oder unsere Vorfreude auf ein leckeres Essen bestätigen lassen.

8. Die egozentrierte Kommunikation

Später dann im Beruf haben wir diese Art der Fragetechnik längst verinnerlicht.

Wir fragen: «Wie hoch ist Ihr Budget?»,
weil wir wissen wollen, mit welchem Ertrag wir rechnen können.

Wir fragen: «Bis wann möchten Sie entscheiden?»,
weil wir erfahren wollen, wann der Auftrag kommt.

Wir fragen: «Wann möchten Sie die Lieferung?»,
weil wir wissen wollen, wann wir mit dem Ertrag rechnen können.

Immer dann, wenn wir einen Kunden überzeugen möchten, sollten wir jedoch die egozentrierte Art der Kommunikation verlassen und in die kundenzentrierte Kommunikation wechseln.
Das heisst, dass wir damit aufhören sollten, dem Kunden ellenlange Vorträge über die Vorteile unserer Produkte und unserer Dienstleistungen zu halten, sondern damit beginnen sollten, seine Nutzen herauszustreichen, die er generiert, wenn er sich für uns entscheidet!

 *Lesen Sie dazu auch [> 5.6 Nutzen richtig kommunizieren]*

Da sich der Kunde bekanntlich nichts aus den Produktvorteilen macht, sondern nur wissen will, welche Nutzen ihm diese Vorteile bringen, drehen sich viele Verkäufer und Kundenberater hier im Kreis.
Einerseits haben wir in unzähligen Fachausbildungskursen unser Wissen rund um unsere Produkte und Dienstleistungen derart angereichert, dass wir oft gar nicht anders können, als dem Kunden unser Wissen in Form von Produktinformationen und Produktvorteilen zu vermitteln. Andererseits hoffen wir, ihn gerade damit für

unsere Produkte zu gewinnen. Doch je mehr wir ihn über unsere Produkte informieren, desto egozentrierter ist unsere Kommunikation. Denn wir sprechen aus unserer Position und nicht aus derjenigen des Kunden. Und diese Kommunikation führt vom Kunden weg und nicht zum Kunden hin.

Nur weil wir unser Angebot loben, wird sich der Kunde noch lange nicht automatisch für unser Angebot begeistern (siehe «gutes Gefühl»). Und da er sich ausschliesslich für die Nutzen interessiert, die ihm unser Angebot bieten kann, sind wir gezwungen, eine andere Sprache zu sprechen.
Wie das geht und welche Vorteile sie bietet, erfahren Sie gleich anschliessend im nächsten Kapitel.

8.2 Egozentriert zuhören

Die egozentrierte Kommunikation betrifft nicht nur die Art und Weise, wie wir sprechen, sondern auch die Art und Weise, wie wir zuhören. Filtern, interpretieren, decodieren, bewerten und viele andere Verben beschreiben, was wir in diesem Buch bis hierhin in den verschiedensten Variationen erfahren haben: Wir nehmen Bilder wahr und haben zu entscheiden, wie diese auf uns wirken und wie wir darauf reagieren.

Diese absolut alltägliche Art der Interaktion beherbergt jedoch eine Vielzahl von Stolpersteinen, die wir ebenfalls bereits beleuchtet haben. Drei seien hier grob repetiert:

Die Absicht
Da wir Botschaften unbewusst sehr oft nach einer ganz bestimmten, uns eigenen Weise filtern, passiert es immer wieder, dass wir nicht auf Dinge reagieren, die jemand gesagt hat, sondern auf das, was wir

glauben gehört zu haben. Wir hören einen Vorwurf, obwohl der Gesprächspartner «nur» eine Frage gestellt hat.

Die Emotionen
Eine weitere Folge des egozentrierten Zuhörens ist die Tatsache, dass wir jedem Ausdruck, den wir hören, einen emotionalen Wert hinzufügen, den wir unbewusst aus unserem egozentrierten Archiv ausgraben. Dies unabhängig vom Wert, den der Sender diesem Ausdruck gab oder geben wollte.

Der Inhalt
Hier ereignen sich die meisten Missverständnisse. Die Kombination aus dem Flugzeugmodus und dem Betrachten einer gelben Zitrone ist höchst explosiv. Wir verstehen zwar rein technisch, was der Sender gesagt hat, entwickeln aber eine gänzlich andere Vorstellung darüber als er.

8.3 Wie die Ein-Wort-Rückfrage-Methode uns hier zusätzlich unterstützt

Obwohl eine egozentrierte Kommunikation als absolut alltäglich gilt und wir damit in den meisten Dialogen auch ganz gut zurechtkommen, ist sie doch einer echten Kundenorientierung hinderlich. Die Herausforderung besteht immer darin, eigene Bedürfnisse und Interessen denen des Kunden hintanzustellen.

Die Ein-Wort-Rückfrage-Methode eröffnet uns die Möglichkeit, den Schritt von der egozentrierten Kommunikation zur kundenzentrierten Kommunikation zu vollziehen. Und das in einer stimmigen, unaufdringlichen Art. Gleichzeitig garantiert sie uns, dass wir dabei Bedürfnisse und Absichten des Kunden rascher erkennen. Die sich daraus schliesslich ergebenden Kundennutzen helfen uns, dem Kunden genau das anzubieten und genau jene Argumente zu nennen, die ihn wirklich interessieren.

Die Ein-Wort-Rückfrage-Methode sorgt dafür, dass wir nicht zu lange in unserem egozentrierten Verhalten stecken bleiben. Allein jede einzelne Anwendung ist immer wieder ein Schritt in die kundenzentrierte Position, die für eine erfolgreiche Betreuung so enorm wichtig ist.

9 Die Kundenzentrierte Kommunikation
und wie die Ein-Wort-Rückfrage-Methode uns hilft, diese zu kultivieren

In dem Moment, in dem wir uns von der egozentrierten Kommunikation lösen und in die kundenzentrierte Kommunikation wechseln, erschliesst sich uns eine neue Welt. Ich will sicher nicht pathetisch wirken, doch es ist verblüffend und erfrischend zugleich, zu erleben, wie einfach es sein kann, jemanden wirklich zu verstehen.

9.1 Der Kunde im Zentrum

Bei uns steht der Kunde im Zentrum! Wie oft habe ich, wie oft haben Sie das schon gelesen? Und wie oft haben Sie dabei gedacht: Schön wär's! Und Sie haben recht – mit dem Schreiben oder mit dem Sagen allein ist es noch lange nicht getan. Kommt dazu, dass dies doch selbstverständlich ist!

Also bräuchte man es gar nicht mehr zu erwähnen. Oder finden Sie den Werbespruch, den ich damals beim Vorbeigehen auf meinem Schulweg auf dem Schaufenster des Coiffeurs entdeckt hatte, nicht auch absolut vertrauenserweckend? Stand doch da mit grossen Lettern geschrieben: «Unsere Stärke ist der Haarschnitt.»

Wow, unglaublich, wer hätte das für möglich gehalten? Echt jetzt? Die beste Wirkung erzielen wir immer dann, wenn wir nicht darüber sprechen oder es nicht noch ganz besonders erwähnen. Überzeugen auch Sie durch Ihre Taten!

Einen Kunden wirklich ins Zentrum zu stellen, heisst nichts anderes, als sich um seine Ideen, Bedürfnisse und Nutzen zu kümmern. Mit einer egozentrierten Verhaltensweise wird uns dies jedoch nicht gelingen, auch wenn wir den Kunden glauben machen wollen, dass wir das tun.

9.2 Wie kundenzentriert ist kundenzentriert wirklich?

Bei der kundenzentrierten Kommunikation geht es in erster Linie um eine innere Haltung, die wir zum Kunden aufbauen. Diese Haltung wird jedoch ihre volle Wirkung nie entfalten, nur weil wir darüber sprechen, sondern weil wir sie leben. Da der Kunde immer im Nutzen-Modus denkt, nützen auch bestgemeinte Formulierungen rund um unser Interesse am Kunden nichts, wenn dieses für den Kunden nicht sichtbar wird. Denn:

> *Wahre Kundenorientierung muss gelebt und nicht erklärt werden.*

Es geht auch nicht darum, dem Kunden alles durchzulassen oder sich alles gefallen zu lassen. Es bedeutet auch nicht, dass wir unsere Meinung nicht klar äussern sollten. Eine kundenzentrierte Haltung hat einzig das Ziel, den Kunden in seinen Äusserungen besser zu verstehen, was den Dialog wesentlich vereinfacht. Dies ist nichts anderes, als das bewusste Aktivieren unseres Selbstoffenbarungs-Filters.

9.3 Was der Selbstoffenbarungs-Filter genau bewirkt

Wie bereits gesehen, untersucht der Selbstoffenbarungs-Filter die Botschaft des Senders nach Informationen, die er unbewusst über

9. Die kundenzentrierte Kommunikation

sich offenbart und öffnet den Zugang zu den Gefühlen des Senders, zu seinem Zustand und zu seinen Wünschen.

Wir erhalten Informationen über seinen Gefühlszustand und seine Befindlichkeit. Sorgen, Zufriedenheit, Ausgeglichenheit, Enttäuschungen, Erwartungen und anderes mehr werden durch unseren Selbstoffenbarungs-Filter erkannt und uns zur Verwertung zur Verfügung gestellt.

Je aufmerksamer und bewusster wir also zuhören und uns auf diesen Teil einer Botschaft konzentrieren können, desto mehr erfahren wir über den Zustand unseres Gesprächspartners – genau das, was wir als Grundhaltung für eine kundenzentrierte Kommunikation zwingend brauchen.

Hier mit dem Beziehungs-Ohr zu filtern, ist wahrlich nicht ratsam. Wann immer Sie es also mit einer solchen verbalen Unzulänglichkeit Ihres Partners, Chefs, Kollegen oder eben Kunden zu tun haben, können Sie davon ausgehen, dass er mehr über sich preisgibt, als es ihm bewusst ist. Zudem gilt:

> *Kundenzentriert bedeutet, auf ein Nein des Kunden einzugehen, und nicht, es mit einem egozentrierten Angebot zu kontern.*

Wenn sich also jemand im Ton vergreift, abschätzig spricht, verletzt, flucht und wütet, so zeigt er damit, dass er im Moment nicht besser kann. Er ist nicht in der Lage, aufgrund seiner Gedanken und Emotionen, einen anderen Kommunikationsstil zu bedienen.

Von einer ruhigen, kontrollierten Art, über eine emotionale und ausfallende Art bis hin zu körperlicher Gewalt sind dies immer Zeichen dafür, in welcher Qualität jemand zu kommunizieren in der Lage ist.

Jemandem ruhig und konzentriert zu begegnen, der in einer Situation kommuniziert, die ihn überfordert, ist nicht einfach. Und dennoch gibt es Situationen, in denen wir alle den Selbstoffenbarungs-Filter ohne gross nachdenken zu müssen und sehr schnell und mühelos aktivieren können. Zum Beispiel, wenn eine uns nahestehende Person an unserer Tür klingelt und, kaum haben wir sie geöffnet, mit hochrotem Kopf und in einer zugegeben nicht gerade jugendfreien Sprache zu berichten beginnt, was ihr gerade Schreckliches widerfahren sei.

Da kommen wir doch jetzt auch nicht auf die Idee, ihr zu sagen: «He, wenn du dich nicht anständig ausdrückst, kommst du hier nicht rein!» Nein. Viel eher werden wir sagen: «Oh mein Gott, was ist denn nur passiert, komm rein und setz dich. Willst du was trinken? Ein Bier, einen Tee?»

Anhand von Sprache und Mimik erkennen wir sofort, dass da etwas nicht stimmt; dass da ein Mensch vor uns steht, der Sorgen hat und alles andere als ausgeglichen ist. Und in genau diesem Moment arbeitet unser Selbstoffenbarungs-Filter auf Hochtouren.

Gleiches gilt für uns nahestehende Personen, die sich verletzt haben oder krank sind. Wir nehmen unweigerlich Anteil an ihrem Leiden. Wir kämen auch nicht auf die Idee, jemandem, der sich den Arm gebrochen hat, zu sagen: «Hättest halt besser aufpassen müssen» (Ironisch eingefärbte, die Genesung fördernde Varianten ausgeschlossen).

Kundenorientierung braucht echtes Interesse.

Wenn Sie aber von Ihrem Kollegen oder einem Kunden angeschnauzt werden, sagen Sie da auch: «Oh weh. Wie kann ich Ihnen helfen?» Wohl kaum! Viel eher denken wir Dinge wie: «Das kannst du mir auch anständig sagen» oder «Hast du wirklich nichts Besseres zu tun?» Und genau in diesem Moment hat der Beziehungs-Filter erneut die Führung übernommen. Doch genau in solchen Momenten sollten Sie besagter Person einen «mentalen Tee» offerieren. Denn was er in diesem Moment braucht, ist nicht eine Standpauke Ihrerseits, sondern etwas Verständnis.

Dass dies nicht einfach ist, steht ausser Diskussion. Doch auch hier gibt es einen einfachen Trick: Die Ein-Wort-Rückfrage-Methode.

9.4 Der erste Schritt

Jede noch so lange Reise beginnt mit dem ersten Schritt. Dieses oft einer asiatischen Quelle zugeschriebene Sprichwort trifft es genau. Eine kundenzentrierte Haltung einzunehmen – wie gerade gesehen – ist nicht immer so einfach. Besonders dann, wenn wir seitens des Kunden mit Bemerkungen und Fragen konfrontiert werden, die in uns ganz andere Gefühle wecken als das Bedürfnis, auf den Kunden zuzugehen.

Jede Kundenorientierung beginnt beim Kunden. Auch wenn der Kunde den Dialog eröffnet, haben wir mit der Ein-Wort-Rückfrage-Methode immer die Möglichkeit, uns auf die Seite des Kunden zu schlagen.

Jede Frage, jedes Anliegen, jede Bemerkung des Kunden ist dazu geeignet. Immer dann, wenn wir eine Frage beantworten und nicht nach dem Warum, nach dem Beweggrund des Kunden fragen, verharren wir in unserer egozentrierten Position.

Um auf die Seite des Kunden zu gelangen, müssen wir zwingend fragen. Mit Fragen erfahren wir, was der Kunde wirklich will, was ihn bewegt und welche Absichten er hegt.

Wie einfach das mit der Ein-Wort-Rückfrage-Methode geht, haben wir schon des Öftern gesehen. Dennoch dazu ein paar weitere Beispiele:

Kunde:	«Brauchen Sie noch lange für diese Arbeit?»
Sie:	«Noch lange?»
Kunde:	«Ja, wenn es drum noch länger dauert, gebe ich Ihnen einen Schlüssel.»

Kunde:	«Ich habe mir das irgendwie grösser vorgestellt.»
Sie:	«Grösser?»
Kunde:	«Ja, ähm, vielleicht nicht zwingend grösser, jedoch ein anderes Format.»

Kunde:	«Das war gestern ja wohl unbeschreiblich.»
Sie:	«Das heisst?»
Kunde:	«Ich war total überrascht!»
Sie:	«Überrascht?»
Kunde:	«Ja, da haben Sie mir eine riesige Freude bereitet!»

9.5 Halten Sie die Stellung

Sich kundenzentriert zu verhalten, ist nicht schwierig, kundenzentriert zu bleiben, hingegen sehr. Nehmen wir an, es ist uns gelungen, mit ein, zwei Fragen auf die Seite des Kunden zu gelangen. Er erzählt uns seine Anliegen, wir fragen nach und erfahren Schritt für Schritt, welche Nutzen er braucht und sucht.

Nun meldet sich jedoch in uns der Verkäufer und suggeriert mit spitzer Zunge, doch nun endlich unser Angebot zu platzieren. Tatsächlich ist es in vielen Verkaufsgesprächen so, dass Berater zu schnell in ein Angebot wechseln, sobald sie eine Möglichkeit dazu entdecken. Und das ist natürlich immer dann der Fall, wenn der Kunde

eine Frage nach einem bestimmten Wunsch positiv beantwortet hat.
Doch genau das sorgt dafür, dass wir erneut in die egozentrierte, auf die Präsentation von Produkt- und Dienstleistungsvorteilen fixierte Verkäufer-Position gleiten, aus der es sich einfach nicht kundenzentriert kommunizieren lässt.

Beispiel: **Von der kundenzentrierten Frage zum egozentrierten Angebot**

Verkäufer: «Was halten Sie davon?»
Kunde: «Das kann ich mir durchaus vorstellen.»
Verkäufer: «Dann möchten Sie es also kaufen?»
Kunde: «Nur nicht so schnell, ich hätte da noch ein paar Fragen.»

Schon wird der Verkäufer vom Kunden gebremst und es entsteht eine gewisse Distanz. Der Kunde empfindet die Frage des Verkäufers zu direkt, der Verkäufer ist enttäuscht, dass er nicht abschliessen konnte. In seinen Gedanken geht er zurück auf Start.

Immer dann, wenn der Kunde einem Argument zustimmt, gilt es zu prüfen, ob es noch andere Punkte gibt, denen der Kunde zustimmt oder die für den Kunden wichtig sein könnten. Das beansprucht wenige Sekunden und gibt dem Kunden das perfekte Gefühl, ernst genommen zu werden. Zudem entsteht keinerlei Druck und Sie können weitere Nutzen eruieren.
Es ist weder nötig noch sinnvoll, bei jedem Okay des Kunden immer gleich mit einem Kaufangebot aufzuwarten. Viel wertvoller ist es, ein, zwei weitere Nutzen des Kunden zu erfahren, um diese dann als Einheit zu präsentieren respektive zusammenzufassen:

Beispiel: **Von der kundenzentrierten Frage zum kundenzentrierten Abschluss**

Verkäufer:	«Was halten Sie davon?»
Kunde:	«Das kann ich mir durchaus vorstellen.»
Verkäufer:	«Das heisst?»
Kunde:	«Kann ich denn damit auch ...?»
Verkäufer:	«Ja das können Sie. Was sollte das Produkt zusätzlich bieten?»
Kunde:	«Nun, ich möchte damit auch ...»
Verkäufer:	«Das geht sehr wohl. Wie wichtig erscheint Ihnen dabei die Möglichkeit, ...?»
Kunde:	«Nun, das ist sogar sehr wichtig.»
Verkäufer:	«Verstehe. Mit diesem Produkt können Sie ..., dabei erhalten Sie ...und Sie sind erst noch ... Nun, was denken Sie?»
Kunde:	«Genau das, was ich gesucht habe!»

9.6 Fischen im Trüben

Ein weiterer Fehler, den es zu vermeiden gilt, ist das «Fischen im Trüben». Wie im vorhergehenden ersten Beispiel dreht es sich um unser Verhalten bei einer negativen Antwort des Kunden. Allzu oft fallen wir zurück in unsere egozentrierte Haltung, wenn der Kunde einen Vorschlag abgelehnt hat, indem wir nicht nach dem Grund / Motiv der Ablehnung nachfragen (!), sondern zu schnell ein neues Angebot platzieren:

Verkäufer:	«Was halten Sie davon?»
Kunde:	«Das ist gar nicht mein Stil.»
Verkäufer:	«Hm, was sagen Sie dann zu diesem Vorschlag?»

9. Die kundenzentrierte Kommunikation

Kunde: «Gefällt mir auch nicht wirklich.»
Verkäufer: «Wie wär's dann mit dem?»

Der Verkäufer hofft verzweifelt, etwas zu finden, mit dem er den Kunden doch noch gewinnen könnte. Doch sein Versuch ist schon beim ersten Angebot gescheitert. Viel geschickter und auch kundenzentrierter wäre gewesen, sich um den Grund der Ablehnung des Kunden zu kümmern:

Verkäufer: «Was halten Sie davon?»
Kunde: «Das ist gar nicht mein Stil.»
Verkäufer: «Nicht Ihr Stil?»
Kunde: «Nun ich stelle mir eher etwas vor in Richtung …?»
Verkäufer: «Das heisst?»
Kunde: «Ich bin mehr interessiert an …»
Verkäufer «Sie meinen konkret, dass …?»
Kunde: «Ja, genau, das würde mir sehr gut gefallen.»
Verkäufer: «Darf ich Ihnen das also zeigen?»
Kunde: «Ja sehr gerne.»
Verkäufer: «Was halten Sie davon?»
Kunde: «Perfekt, das nehme ich.»

In der kundenzentrierten Kommunikation geht es nie darum, auf eine Ablehnung des Kunden mit einem egozentrierten Angebot zu kontern. Es geht immer darum, weiter auf der Kundenseite zu kommunizieren, also nach dem Motiv des Kunden für sein Nein zu fragen, was – zugegebenermassen – nicht immer einfach ist.

Dies gelingt uns jedoch immer dann, wenn wir auch unseren Beziehungs-Filter soweit kontrollieren können, dass wir die von ihm ausgelösten Emotionen zwar erkennen, uns jedoch durch sie nicht aus dem Konzept bringen lassen.

Kundin:	«Ist das alles, was Sie haben?»
Verkäuferin:	«Alles?»
Kundin:	«Ja, ich habe mehr erwartet!»
Verkäuferin:	«Das heisst?»
Kundin:	«Ich stelle mir eher etwas in blau vor und ohne …»
Verkäuferin:	«Heisst blau, es ginge auch grünblau?»
Kundin:	«Durchaus, warum fragen Sie?»
Verkäuferin:	«Ich habe da etwas, das ich Ihnen gerne zeigen möchte …»

Denken Sie daran: Immer, wenn der Kunde in einem Gespräch erwähnt, dass unser Vorschlag noch nicht genau das ist, was er sich vorgestellt hat, dann …

⇨ … hat der Kunde im Vorfeld zu sehr im Flugzeug-Modus gesprochen.
⇨ … hat der Kunde zu wenig präzise formulieren können, was er genau erwartet.
⇨ … haben wir zu schnell entschieden, dass wir wissen, was er sucht.
⇨ … haben wir zu wenig nachgefragt.

9.7 Vertikale Fragen

Wir haben gesehen, wie einfach und entspannend es sein kann, in die kundenzentrierte Haltung zu gelangen. Es ist dies der Schritt von der Spalte «Lösung» zur Spalte «Gutes Gefühl» (siehe 5.1). Wir haben gesehen, welche positiven Auswirkungen dies auf unsere Kunden haben kann.

Mit der Ein-Wort-Rückfrage-Methode können wir genau diesen Schritt jederzeit im Gespräch vollziehen. Es ist auch absolut möglich,

9. Die kundenzentrierte Kommunikation

jemandem fünf, sechs Fragen nacheinander zu stellen, ohne dass er das Gefühl entwickelt, ausgefragt zu werden.

Solange sich diese Fragen auf die vorangegangene Äusserung des Kunden bezieht, wird er diese als angenehm empfinden, da sie sich ja um sein Anliegen dreht. Mit jeder weiteren Frage tauchen wir tiefer in die Bedürfnisse des Kunden ein. Diese Fragen bezeichnet man als vertikal.

Wenn wir dies jedoch in einer egozentrierten Art tun, wird sich unser Kunde rasch ausgefragt fühlen. Diese Art der Befragung nennt sich «horizontale Befragung».
Bei der horizontalen Fragemethode springt der Befragende von einem Thema zum anderen. So, wie wenn Sie beispielsweise von jemandem wissen möchten, wie er heisst, woher er kommt, was er macht, welche Hobbys er hat, usw. Etwa das Prozedere, das man als Neukunde bei einem Erstgespräch in einer Bank über sich ergehen lassen muss. Da dauert es keine Minute und wir haben das Gefühl, ausgefragt zu werden. Ähnlich einem Verhör. Grässlich!
Das ist übrigens nach wie vor die am häufigsten angewandte Methode im Verkauf, obwohl Kunden es wirklich hassen, so befragt zu werden. Denn:

> *Abfragen vergrault den Kunden.*
> *Nachfragen schätzt der Kunde.*

Ganz anders verhält es sich, wie gesehen, bei vertikalen, partnerzentrierten Fragen. Hier geht es darum, auf der Antwort des Partners aufzubauen, sie zu hinterfragen. Wir konzentrieren unsere Fragen also ausschliesslich auf das, was der Partner gesagt hat und nicht auf das, was wir sonst noch von ihm erfahren wollen. In diesem Moment entsteht beim Partner das Gefühl, ernst genommen zu werden, und er gibt in der Regel sehr gerne Auskunft.

Menschen erzählen Ihnen ihr halbes Leben. Sie brauchen sie nur zu fragen. Wenn nicht, brauchen Sie nur weniger zu fragen. Das wohl Paradoxeste daran ist aber, dass Sie mit dieser Fragemethode Gespräche tatsächlich kürzer gestalten können, da Sie schneller zum Kern der Sache gelangen.

9.8 Wie die Ein-Wort-Rückfrage-Methode uns hier zusätzlich unterstützt

Partnerzentrierte Fragen sind ein unglaublich effektives Mittel, in kürzester Zeit herauszufinden, was Ihr Gesprächspartner wirklich sagen will. Privat, im geschäftlichen Alltag, mit Freunden – egal wo – Sie werden sofort mehr Informationen erhalten.

Die Ein-Wort-Rückfrage-Methode bietet Ihnen dazu den perfekten Einstieg. Gleichzeitig garantiert sie Ihnen, dass sich Ihr Kunde allzeit wahrgenommen und respektiert fühlt. Mit der Ein-Wort-Rückfrage-Methode vermeiden Sie es zudem, zurück in die egozentrierte Haltung zu fallen, was ein Verkaufs- oder Beratungsgespräch nur unnötig belastet.

Statt im Trüben zu fischen, können Sie negative Äusserungen des Kunden geschickt nutzen, um mehr über seine Bedürfnisse zu erfahren.

Die Ein-Wort-Rückfrage-Methode hilft Ihnen, allzeit Ruhe zu bewahren und sich Zeit zu gewähren, um allfällige dominante Filter zurechtzuweisen.

Machen Sie die Probe aufs Exempel. Sie werden staunen! Doch aufgepasst. Nicht dass es Ihnen so ergeht wie einer Teilnehmerin, die mit Ihrem Partner geübt hat und dabei Dinge erfahren hat, die sie eigentlich gar nicht hatte erfahren wollen.

10 Trigger-Worte
und wie die Ein-Wort-Rückfrage-Methode uns hilft, diese zu nutzen

Die Ein-Wort-Rückfrage-Methode funktioniert – wie wir nun schon einige Male gesehen haben – bei fast allen Gelegenheiten. Ganz besonders wertvoll ist sie bei Bemerkungen, die ein sogenanntes Trigger-Wort enthalten.

10.1 Allgemeine Trigger

Unter einem Trigger versteht man ganz allgemein einen Auslöser. Ein Reiz, der eine bestimmte Reaktion provoziert. In der Massage kennen wir Trigger-Punkte, die uns – sobald sie gedrückt werden – Schmerzen verursachen, aber auch Spannungen lösen können.

In der Psychologie spricht man von Triggern als Ereignis und / oder Impuls, der in uns eine psychische oder physische Reaktion bewirkt. Diese kann unmittelbar erfolgen oder auch erst nach Minuten, Stunden oder Tagen ihre Wirkung entfachen.

10.2 Verbale Trigger

In der Kommunikation bezeichnen verbale Trigger Fragen, Worte, Bemerkungen und Äußerungen, die in uns gewisse Stimmungen erzeugen und Emotionen wecken können. Sowohl positive als auch negative. Jeder hat ein eigenes Empfinden zu solchen Worten seit seiner frühesten Jugend aufgebaut. Diese direkten Verknüpfungen untersucht unter anderem auch die Wissenschaft der Neurolinguistischen Programmation, kurz NLP.

Natürlich ist es auch bei den Trigger-Worten so, dass ein und dasselbe Wort bei zwei Personen ganz unterschiedliche Reaktionen auslösen kann. Je nachdem, welche Erlebnisse und Emotionen die Person mit diesem Wort verknüpft hat.

Umso wertvoller und wichtiger ist es, mit der Ein-Wort-Rückfrage-Methode sicherzustellen, dass Sender und Empfänger unter dem gleichen Wort die gleichen Bilder verstehen.

10.3 Den Spiess umdrehen

Ganz besonders interessant ist die Tatsache, dass Trigger-Worte auch viel über die Person verraten können, die sie gerade verwendet. Für unsere Kommunikation und für das Verstehen des Gesprächspartners wertvolle Trigger-Worte sind also all jene, die uns, sofern wir nachfragen, zusätzliche Informationen über die Motive des Partners liefern, die er so sonst nicht aktiv kommunizieren würde.

> *Triggerworte sind wertvolle versteckte Botschaften.*

Diese Trigger-Worte sollten wir, wann immer möglich, hinterfragen:

- immer	- nie	- niemals	- nie wieder
- schon wieder	- alle	- alles	- jedes Mal
- immer wieder	- jeder	- keiner	- u.a.m.

Diese zu den Indefinitpronomen zählenden Worte drücken eine Absolutheit, eine allgemeine Gültigkeit aus, die so kaum oder gar nicht existieren kann. Sie zeigen, dass die Person, die einen solchen Ausdruck verwendet, jedoch genau so fühlt. Sie gibt durch den Gebrauch solcher Worte unbewusst ihr innerstes Empfinden preis. Im Sinne einer verständnis- und respektvollen Kommunikation ist es daher beinahe unsere Pflicht, danach zu fragen.

10.4 Verbale Steilpässe

Wenn ein Kunde sagt: «Sie sind auch nie erreichbar», ist das kein Vorwurf, sondern sein aktuelles Empfinden. Das «nie» wird in diesem Fall auf vielleicht drei Anrufen begründet, bei denen wir für ihn tatsächlich nicht erreichbar waren.

Sicher entspricht das streng genommen der Umschreibung «nie». Dennoch gilt dies nur für seine Wahrnehmung, da wir in der gleichen Zeit für andere Kunden erreichbar waren. Daher lohnt es sich, bei solch offensichtlichen verbalen Steilpässen, die Chance zu packen und mit der Ein-Wort-Rückfrage-Methode zu arbeiten.

Wir fragen auch hier nur: «Nie?» und geben so dem Kunden Gelegenheit, uns zu erläutern, warum er gerade dieses Wort verwendet hat; warum er so empfindet. Und damit – einmal mehr – offenbart er uns sein Motiv. Sie werden erstaunt sein, welche Informationen Sie so mit Leichtigkeit zutage fördern werden.

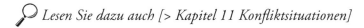 *Lesen Sie dazu auch [> Kapitel 11 Konfliktsituationen]*

10.5 Verbale Weichmacher

Zu den Trigger-Worten gesellt sich eine weitere Wortgruppe, deren Gebrauch zu erforschen sich lohnt, wann immer sich uns die Chance dazu eröffnet. Sie zeigen nämlich auf, dass unser Gesprächspartner unbewusst noch ein ganzes Paket an Informationen über seine Ab-

sichten und Ansichten bereithält.
Hier eine kleine Auswahl. Diese Wortgruppe nennt sich Weichmacher und es gibt Dutzende davon. Weichmacher sind Worte wie:

- eigentlich
- praktisch
- an und für sich
- quasi
- mehr oder weniger
- grundsätzlich
- generell
- im Prinzip
- normalerweise
- usw.
- im Grunde genommen
- im Allgemeinen
- prinzipiell
- im Normalfall

Natürlich ist es erlaubt und sogar sinnvoll, solche Adjektive und Partikel zu verwenden, sofern im Nachgang erklärt wird, warum ein solcher Term verwendet wurde.

Schlecht: «Unsere Ferien waren eigentlich toll!»
Gut: «Unsere Ferien waren eigentlich toll, doch das Wetter …»

Schlecht: «Ich bin eigentlich dafür, dass wir das so machen.»
Gut: «Ich bin eigentlich dafür, dass wir das so machen, doch hier sehe ich es so, dass …»

Schlecht: «Ich bin eigentlich zuständig für die Logistik.»
Gut: «Ich bin eigentlich zuständig für die Logistik, doch zurzeit kontrolliere ich auch …»

Kürzlich war meine Frau mit ihrer Mutter einkaufen. Unter anderem waren sie auf der Suche nach einem neuen Radio. Als sie zurück waren, fragte ich meine Schwiegermutter nach dem Stand der Dinge.

Ich fragte: «Und, hast du was gefunden?»
Sie meinte: «Also ich bin mir eigentlich praktisch 100 % sicher.»
Ich fragte: «Dann wartest du also noch?»

Sie meinte: «Ja, ich habe mich noch nicht entschieden. Warum weisst du das?»

Und nun stellen Sie sich einmal vor, wie spannend es sein wird, die Ein-Wort-Rückfrage-Methode anzuwenden, wenn Ihr Kunde Trigger-Worte gleich noch mit Weichmachern kombiniert ...!

- grundsätzlich nie   -eigenlich immer   - praktisch alle usw.

10.6 Wie die Ein-Wort-Rückfrage-Methode uns hier zusätzlich unterstützt

Trigger-Worte sind geradezu dafür prädestiniert, mit der Ein-Wort-Rückfrage-Methode nachgefragt zu werden. Sie sind wie Türen, die schon zu grossen Teilen geöffnet sind. Sie brauchen sie nur noch sanft anzustossen und durchzuschreiten.

Wer Trigger-Worte nachfasst, sichert sich die Chance, unmittelbar zu erfahren, was der Gesprächspartner tatsächlich will. Zudem reduziert sich so das Risiko eines Missverständnisses.

Es gibt keinen schnelleren, direkteren und effektiveren Zugang zu den wahren Bedürfnissen eines Menschen als über die Ein-Wort-Rückfrage-Methode.

Und es gibt keinen einfacheren Weg, als den über die Trigger-Worte. Probieren Sie es aus.

11 Konfliktsituationen
und wie die Ein-Wort-Rückfrage-Methode uns hilft, diese zu meistern

Wie genau entstehen Konflikte? Welchen Ursprung haben sie und wie können wir lernen, besser damit umzugehen? Oder gibt es sogar eine Möglichkeit, sie gar nicht erst entstehen zu lassen?

Fragen, die uns in ihrer Komplexität beruflich und im privaten Umfeld oft mehr fordern, als uns lieb ist. Wie wir alle schon erfahren haben, braucht es oft erstaunlich wenig, damit ein Konflikt ausgelöst wird. Und ich habe es schon einige Male erlebt, dass sich die Betroffenen gefragt haben, wie es überhaupt zum Streit, zur Auseinandersetzung, zur Meinungsverschiedenheit gekommen ist.

Tatsächlich finden viele Konflikte ihren Ursprung nicht in weltumspannenden Themen wie dem radioaktiven Niederschlag in Fukushima oder dem genauen Zeitpunkt des Ausbruches der Covid-19-Pandemie, sondern in beinahe banalen, alltäglichen Kleinigkeiten.
Meist liegt einem Konflikt aber schlicht und ergreifend ein Missverständnis zugrunde. Denn:

> *Ein Missverständnis ist nichts anderes, als die Folge mangelnder oder fehlender Kommunikation!*

Und wir sprechen auch dann von einem Missverständnis, wenn wir glauben, verstanden zu haben, was der andere gemeint hat. Beispiele dafür finden Sie in diesem Buch zuhauf. Ich brauche also nicht speziell darauf hinzuweisen, dass zum Beispiel Nachfragen in einer partnerzentrierten Haltung die meisten Missverständnisse innert Sekunden vom Tisch räumt. Hier vier Schritte zum Verhalten in Konfliktsituationen:

11.1 Klären

In dem Moment, in dem wir darüber zu entscheiden haben, wie wir ein Bild interpretieren, entscheiden wir auch darüber, ob es sich um einen Konflikt handelt oder nicht. Filtern wir Botschaften zu stark mit dem Beziehungs-Filter in Richtung Kritik, Vorwurf oder gar Angriff, dann werden wir entsprechend reagieren.

Wir sollten daher immer zuerst herausfinden, mit welchem Bild wir es tatsächlich zu tun haben, sonst können wir nicht sinngemäss darauf reagieren! War die soeben wahrgenommene Äusserung wirklich eine Kritik? War das gerade eben tatsächlich ein Einwand? Habe ich es mit einem Vorwurf zu tun oder gar mit einem persönlichen Angriff? Oder sollte ich doch erst mal meine Brille ablegen?

Haben wir aber in diesem Bruchteil einer Sekunde bereits entschieden, dass wir uns – in welcher Form und Intensität auch immer – angegriffen fühlen, dann reduziert sich die Palette der möglichen Reaktionen auf bescheidene drei Massnahmen:

1. Gegenangriff   (Angriff)

«So brauchen Sie mit mir gar nicht zu sprechen.»
«Da werden wir auf keinen grünen Zweig kommen, wenn Sie sich so verhalten.»
«Das brauche ich mir von Ihnen nicht gefallen zu lassen!»
«Was glauben Sie eigentlich, …?»
«Das können Sie vergessen!»

«Wie kommen Sie eigentlich dazu, ...?»
«Was erlauben Sie sich eigentlich?»

2. Rückzug (Flucht)

«Das war wohl unser Fehler.»
«Ich weiss nicht, ob man da noch was ändern kann.»
«Was passiert ist, ist passiert.»
«Ich kann nicht mehr tun, als ...»
«Ich könnte höchstens schauen, ob ...»

3. Verteidigung / Rechtfertigung (versteckte Flucht / versteckter Angriff)

«Das kann ja mal passieren, ist doch nicht so schlimm.»
«Verstehe ich, aber Sie müssen auch sehen, dass ...»
«Schon blöd, aber dafür sind wir nicht zuständig.»
«Ich verstehe Sie, aber das liegt nicht an uns.»
«Warum haben Sie nicht selber / früher / schneller ...?»

Die oben aufgeführten Antworten zeigen klar, wie der Empfänger die Äusserungen des Kunden interpretiert und aus welcher entsprechenden Haltung heraus er kommuniziert hat.

Was wäre aber, wenn es uns gelänge, alle Äusserungen ganz anders, und grundsätzlich neutraler zu definieren? Denn auch wenn die Äusserungen unseres Gesprächspartners es auf den ersten Blick vielleicht nicht vermuten lassen, sind sie doch alle nichts anderes als:

- Fragen
- Meinungen
- Interpretationen

11. Konfliktsituationen

Gleich im nächsten Gespräch können Sie die Probe aufs Exempel machen. Alles, was Sie hören werden, können Sie diesen drei Kategorien zuordnen.

Natürlich ist auch das nicht immer einfach, besonders dann, wenn die Wortwahl des Senders gar etwas «sportlich» ist. «Kannst du das nicht besser oder willst du nicht?» ist ebenso eine Frage wie «Kommst du auch noch was trinken?»

Der Umgang mit Kritik und Konflikten ist primär eine Frage der Art und Weise, wie wir diese wahrnehmen. Auch wenn eine Äusserung noch so aggressiv, dominant oder arrogant wirkt, so ist sie doch immer ein Bild, das mehr über den Sender aussagt als über uns. Er offenbart damit eindeutig, dass er nicht in der Lage ist, eine angemessenere Kommunikation zu wählen. Schlicht: Er ist überfordert. Daraus folgt:

> *Jeder Mensch kommuniziert immer auf die bestmögliche, ihm zur Verfügung stehende Art.*

Wann immer Sie es also mit einer solchen verbalen Unzulänglichkeit Ihres Partners, Chefs, Kollegen zu tun haben, können Sie davon ausgehen, dass er mehr über sich preisgibt, als ihm bewusst ist.

Wäre das nicht einfach genial, wenn Sie in einem solchen Moment ihre egozentrierte Haltung (Achtung: Angriff / Vorwurf!) verlassen und in den partnerzentrierten Modus (Oha, ihm geht es gerade nicht sonderlich gut) wechseln könnten?

Dass sich dazu ganz besonders die Ein-Wort-Rückfrage-Methode eignet, wage ich kaum mehr zu erwähnen ...

Fragen führen uns bekanntlich direkt zu den Bedürfnissen, respektive Motiven des Partners. Unser Ansatz sollte in einem solchen Moment also nicht eine Selbstverteidigungsstrategie sein, sondern die simple Frage nach dem Warum.

- Wie kommt es, dass er sich so ausdrückt?
- Wie kann es sein, dass er sich so benimmt?
- Wie kommt er dazu, zu meinen …?
- Was ist geschehen, damit er glaubt …?

Eine Frau wirft ihrem Mann vor: «Du kontrollierst mich!»
Nehmen wir an, der Mann sagt nun: «Nein.» Glauben Sie tatsächlich, dass die Frau nun erwidern wird mit: «Ach so? Na, dann habe ich mich wohl geirrt.»
Viel eher dürfte sich ein mit Du-Botschaften gespickter Dialog in Richtung: «Ja, nein, du auch, aber du auch, usw.» entwickeln.

Wesentlich effektiver ist daher die Frage nach dem Grund, wie es dazu kommen konnte, dass die Frau diesen Vorwurf erhebt. In dem Moment, in dem wir nach dem Motiv fragen, nehmen wir den Partner auch gleichzeitig ernst. Und wir nehmen Druck aus der Diskussion. Und wir erfahren, was seine Bedürfnisse sind.

Wenn wir uns auf den Inhalt einer Kritik konzentrieren müssen, dürfen wir uns von der Art und Weise, wie sie vermittelt wird, nicht ablenken lassen.
Die Gleichung ist rasch gemacht: Mit Fragen, Meinungen und Interpretationen können wir gut umgehen. Das ist ja auch unser Alltag. Mit Vorwürfen und Kritik tun wir uns wesentlich schwerer. Wir haben es also immer in der Hand, selber darüber zu entscheiden, wie ein Bild auf uns wirkt (Die Botschaft wird beim Empfänger gemacht). Ganz besonders dann, wenn dieses Bild alles andere als angenehm ist. Es ist also vor allem eine Frage unserer mentalen Einstellung.
Haben wir erst einmal geklärt, um welches Bild es sich tatsächlich

handelt, können wir uns unserem Gesprächspartner zuwenden (Genau genommen haben wir das mit der Klärung schon bereits getan).

11.2 Verständnis

Es zeigt sich immer wieder, dass eines der ersten Signale, die wir vernehmen wollen, wenn wir selber reklamieren oder eine Kritik anbringen, ein Zeichen von Verständnis für unsere Situation ist.

Wir wollen keine Entschuldigung, keine Argumente und schon gar keine Rechtfertigungen. Wir wollen erst einmal erkennen, dass wir wahrgenommen werden.

Aus der Kommunikationspsychologie wissen wir, dass Fragen ganz allgemein als ein starkes Zeichen von Verständnis gelten. Mit Fragen zeigen wir, dass wir uns für die Meinung des Partners, sein Bedürfnis oder eben seine Botschaft interessieren. Und damit interessieren wir uns zwangsläufig auch für den Partner selbst.

Mit klärenden Fragen erfahren wir also nicht nur, mit welchen Bildern wir es zu tun haben und um was es tatsächlich geht, sondern wir zeigen unserem Gesprächspartner, dass wir für seine Situation Verständnis haben. Das gibt es so gesehen einfach noch gratis mit dazu. Denn:

Verständnis ist der Schlüssel zum Dialog.

Neben diesem Vorgehen gibt es noch weitere Möglichkeiten, dem Gesprächspartner Verständnis entgegenzubringen. Zum Beispiel mit Worten, die dies direkt ausdrücken wie:

«Ich verstehe Sie.»
«Das kann ich gut verstehen.»
«Das kann ich gut nachvollziehen.»
«Das leuchtet ein.»

Das geht auch mit Sätzen, die dies indirekt ausdrücken wie:

«Gut, dass Sie diesen Punkt ansprechen ...»
«Ich bin froh, dass Sie dies erwähnen, denn ...»
«Danke, dass Sie uns darauf aufmerksam machen ...»

11.3 Argumente anbieten

Ein zentrales Element in beinahe jeder Diskussion bilden die Argumente, die wir anbringen wollen. Dagegen ist absolut nichts einzuwenden. Erfahrungsgemäss aber laufen wir Gefahr, zu schnell unsere Argumente zu liefern. Das ist sicher immer dann der Fall, wenn wir sie mit dem Satz «Ja, aber...» einleiten.

Es wäre doch schade, wenn wir Verständnis zeigen, dieses jedoch durch die Verwendung des Wortes «aber» gleich wieder ausradierten. Besser und für das Gespräch wesentlich wertvoller ist das geschickte Timing.

Auch wenn es uns gelingt, die Ja-aber-Hürde erfolgreich zu überwinden, sollten wir daher darauf achten, unserem Gesprächspartner allfällige Argumente nicht vorschnell und unsere Hilfe auf keinen Fall ungefragt anzubieten.

Was heisst das genau?
In fast allen Gesprächen werden Argumente kommuniziert, ohne vorher den Gesprächspartner zu fragen, ob er denn bereit sei, ein solches zu empfangen. Das würde sich tatsächlich ungewohnt anhö-

ren. Besonders dann, wenn dies abwechslungsweise geschehen würde. Nun, das tut es ja nicht und dennoch geht es hier genau um diesen Schritt. Denn:

> *Unerwünschte Argumente werden rasch als Rechtfertigungen abgestempelt.*

Immer dann, wenn wir in einem Kritikgespräch dem Kunden ein Argument ungefragt präsentieren, besteht eine hohe Wahrscheinlichkeit, dass er dieses als Rechtfertigung oder Ausrede interpretieren kann und wird. Dies wiederum kann dazu führen, dass der Kunde für unsere Sichtweise nicht offen ist. Auch stichhaltige und völlig nachvollziehbare Argumente werden so – wenn überhaupt – nur geringe Wirkung erzielen.

Besser also, wenn wir Argumente und Hilfe nicht einfach so «frei Haus» liefern, sondern in einem ersten Schritt anbieten, indem wir den Kunden ganz konkret fragen, ob er bereit ist, unsere Argumente zu hören.

Sie haben recht. Das scheint ein etwas gar unkonventioneller Weg zu sein. Ist er auch. Und trotzdem oder gerade deshalb so erfolgreich. Mit dieser Frage nämlich respektieren wir einmal mehr die Autonomie unseres Kunden.

 Lesen Sie dazu auch [>Kapitel 12 – Die Autonomie des Kunden]

Das kann dann so aussehen:

- «Dazu gibt es einige Punkte, die ich Ihnen gerne erläutere, wenn Sie möchten.»
- «Ich werde Ihnen das gerne erklären, wenn Sie erlauben.»

- «Wenn es o.k. ist, gebe ich Ihnen dazu gerne noch ein paar Informationen.»
- «Darf ich Ihnen dazu noch zwei, drei Informationen geben?»
- «Ich werde Ihnen das gerne erklären, wenn Sie erlauben.»
- «Ich sehe, was Sie meinen. Ist es Ihnen recht, wenn ich ...?»

11.4 Abschliessen

Wenn wir dem Kunden Gelegenheit geben, unsere Hilfe und Unterstützung positiv zu bestätigen, gibt ihm das erneut ein gutes Gefühl, da er nun auch den Nutzen unseres Engagements besser erkennt. Wir werden zudem erkennen, ob unsere Argumentation auch tatsächlich hilfreich war.

Also fragen wir ihn im Anschluss einfach, ob ihm unsere Hinweise genutzt haben, ob unsere Ausführungen Sinn machen, ob unsere Sichtweise für ihn nachvollziehbar ist. Dies tun wir mit Sätzen wie:

- «Hilft Ihnen das?»
- «Macht das Sinn?»
- «Stimmt das so für Sie?»
- «Können Sie das soweit nachvollziehen?»
- «Sie sehen, was ich meine?»

Natürlich gibt es auch Sätze wie:
«Konnte ich Ihnen mit meinen Ausführungen helfen?»

Doch ich weiss aus Erfahrung, dass solche Sätze zwar auf dem Papier schick aussehen, in der Realität jedoch keine oder nur sehr selten Verwendung finden. Der Grund ist einfach: Sie entsprechen meist nicht unserer Ausdrucksweise (Mundart!) und sind auch zu lang.

Besser, wir verwenden kurze, prägnante Sätze. Erhalten wir auf unsere Frage entsprechend positives Feedback, dann bleiben einzig noch letzte Rundum-Sorglos-Paket-Fragen wie:

«Haben Sie weitere Fragen oder Anliegen?»
«Gibt es noch weitere Punkte, die Sie diskutieren möchten?»
«Kann ich sonst noch etwas für Sie tun?»

11.5 Wie die Ein-Wort-Rückfrage-Methode uns hier zusätzlich unterstützt

Fragen sind der erste Schritt zur Klärung. Gerade in potenziellen Konfliktsituationen können sie der Schlüssel zur Lösung sein. Mit der Ein-Wort-Rückfrage-Methode haben Sie zu jeder Zeit eines Konfliktgespräches die Möglichkeit, in eine kundenzentrierte Position zu gelangen.

Mehr noch: Sie sichern sich so immer auch den Zugang zu wertvollen Informationen. Gleichzeitig zeigen Sie mit diesen Fragen genau das, was jeder Mensch – also auch Ihr Kunde – in diesem Moment braucht: Verständnis und Interesse.

Mit der Ein-Wort-Rückfrage-Methode
- vereinfachen Sie Ihren Einstieg in das Gespräch.
- signalisieren Sie Ihrem Kunden unmittelbar Verständnis.
- vermitteln Sie ihrem Kunden Respekt.
- erhalten Sie rasch wertvolle Informationen.
- bleiben Sie ruhig und souverän.
- wirken Sie kompetent und professionell.
- kürzen Sie solche Gespräche markant ab.

12 Die Autonomie des Kunden
und wie die Ein-Wort-Rückfrage-Methode uns hilft, diese zu respektieren

Autonomie, ganz einfach erklärt, bedeutet nichts anderes als die Freiheit, selber entscheiden zu dürfen. Was für viele von uns selbstverständlich klingt, bleibt für noch mehr andere Menschen auf dieser Erde unerreicht, verborgen oder wird aktiv unterbunden.

12.1 Die Basis

Wir – und damit beziehe ich Sie, die gerade dieses Buch lesen, gerne mit ein – können uns glücklich schätzen, die Mehrzahl unserer Entscheidungen selber fällen zu dürfen.

Besonders in unseren Breitengraden, wo dieses Grundrecht uns noch mehrheitlich zugestanden wird, ist es von entscheidender Bedeutung, dass wir diese Freiheit unserem privaten Partner, unseren Geschäftspartnern, Kunden, Lieferanten und Arbeitskolleginnen und -kollegen, kurz: all jenen gewähren, mit denen wir interagieren.

In der zwischenmenschlichen Kommunikation ist dies ein absolutes Muss. Doch das, was sich tatsächlich tagtäglich beobachten lässt, ist das pure Gegenteil. Die Autonomie des Gesprächspartners wird mehr unterwandert, unterdrückt oder gar verunmöglicht, als uns lieb ist.

Ohne mich hier allzu stark in Details zu verlieren, liefert allein die Erziehung unzählige Anwendungen. Eltern setzten sich ihren Kindern gegenüber insofern durch, als dass sie ihr Recht, dies als Eltern zu tun, einfach ausüben. «Weil ich es sage», «Weil es so ist» oder «Weil du noch ein Kind bist» sind nur drei Beispiele, die zeigen, wie

schnell wir das Selbstbestimmungsrecht eines Menschen beschneiden.
Persönliche Beispiele aus der Schulzeit kennen Sie wahrscheinlich selber zu Genüge; von solchen aus der aktiven Berufswelt ganz zu schweigen.

Die Selbstbestimmung eines Menschen zu respektieren und danach zu handeln, heisst natürlich nicht, einem Kind alles zu erlauben, den Partner immer gewähren zu lassen, einem Kollegen nie zu widersprechen oder dem Kunden stets recht zu geben. Es heisst aber, das Gegenüber zu respektieren. Das bedeutet auch, ihm mit Respekt zu begegnen und es respektvoll zu behandeln.

> *Für eine harmonische Kommunikation ist die Gewährleistung der Autonomie ein absolutes Muss!*

12.2 Der Alltag

Der Alltag sieht oft anders aus. Zwar ist unser aller Absicht nur die Beste und dennoch ist eine Missachtung der Autonomie praktisch in jedem Dialog zu beobachten. Denn die meisten dieser Aktionen lösen wir unbewusst aus. Das heisst, dass wir nicht merken, dass und wann wir sie auslösen und welche Wirkung wir mit ihnen erzielen. Doch interessanterweise spüren wir die Auswirkungen wesentlich sensibler, wenn es uns direkt betrifft, wenn also jemand unsere Autonomie nicht respektiert.

Wie fühlen Sie sich,
   ... wenn Sie von Ihrem Gesprächspartner unterbrochen werden?
   ... wenn er gleich noch Ihren Satz für Sie beendet?

... wenn Ihr Chef meint: «Fragen Sie nicht, machen Sie einfach das, was ich sage»?
... wenn jemand zu Ihnen sagt: «Ich verstehe schon, was du meinst, aber ...»?

Tagtäglich wird unsere Autonomie als Kunde von anderen untergraben. So auch von all jenen Verkäufern, die nach unserem Nein einfach weiterreden, so als ob nichts gewesen wäre. Und dies nur, weil ihnen wahrscheinlich einmal ein dynamischer Trainer verklickert hat, dass das «Verkaufen mit dem Nein des Kunden beginnt» und sie leider nie erfahren durften, was wirklich damit gemeint ist.

Dazu das folgende Beispiel, das ich einmal während eines Akquisitionsgesprächs erlebt habe. Nachdem ich einem potenziellen Kunden Unterlagen von mir habe zugehen lassen, habe ich ihn ein paar Tage danach telefonisch kontaktiert.

Ich fragte ihn: «Konnten Sie meine Unterlagen schon anschauen?»
Seine Antwort: «Es hat sich erledigt!»

Ein solches Signal ist an sich klar. Wie konnte ich also erstens seinen Willen respektieren, seine Autonomie achten und gleichzeitig nicht zu schnell klein beigeben? Doch war das Signal wirklich klar? (Denken Sie an den Flugzeug-Modus.)
Da ich zwar klar hörte, was der Kunde sagte, jedoch wusste, dass es nur selten um das geht, was jemand sagt, sondern fast immer um das Warum, den Beweggrund oder eben auch das Motiv, aus dem jemand etwas sagt, fragte ich mit meiner Ein-Wort-Rückfrage-Methode nach.

Meine Frage: «Erledigt?»
Seine Antwort: «Ja, ich habe die Unterlagen entsorgt.»

12. Die Autonomie des Kunden

Also erneut eine auf den ersten Blick glasklare Sache: Der Kunde wollte ganz offensichtlich nichts mit mir und meinem Angebot zu tun haben. Doch war das tatsächlich so? Darum fragte ich auch hier einfach nochmals nach.

Meine Frage: «Das heisst?»

Vielleicht haben Sie sich in der Zwischenzeit gefragt, wie denn um alles in der Welt ich hier die Autonomie des Kunden respektiert hätte, habe ich doch soeben seine beiden Ablehnungen nicht respektiert. Doch habe ich sie wirklich nicht respektiert? Doch, habe ich.
 Und zwar, indem ich mich für den Grund seiner offensichtlichen Ablehnung interessiert habe. Ich habe sein Nein respektiert aber darauf verzichtet, mit einer klassischen «Ja-aber-Antwort» zu kontern. In diesem Fall hätte ich seine Autonomie tatsächlich untergraben.
 Ich kann mit jedem Nein leben. Doch ich möchte gerne wissen, wie es dazu kam. Und genau das habe ich getan. Durch meine Frage nach seinem Motiv habe ich klares Interesse signalisiert, ohne aufdringlich zu sein.
Denn auf meine zweite Frage «Das heisst?», folgte nun eine erstaunliche Antwort, die einmal mehr zeigte, wie wertvoll doch das Nachfragen des Motives sein kann.

Seine Antwort: «Ja ich habe die Unterlagen weggeworfen. Ich weiss ja nicht, was Sie mir geschickt haben. Ich erhalte so viel Post jeden Tag!»

Die Quintessenz war offensichtlich: Nicht meine Unterlagen waren das Problem, sondern die Tatsache, dass der Kunde mit der täglichen Flut an Werbesendungen überfordert war. Ich zeigte für sein Verhalten Verständnis und respektierte damit gleichzeitig seinen Entscheid.

Ich meinte: «Das kann ich gut nachvollziehen. Auch ich werfe ab und zu einen Brief ungeöffnet weg. Da muss man auch mal grosszügig sein.»

Er dankte für mein Verständnis.

Ich fügte an: «Nun, wenn wir schon zusammen telefonieren, dann erkläre ich Ihnen gerne, um was es sich bei diesem Brief gehandelt hat, wenn das so für Sie in Ordnung ist.»

Und auch hier habe ich den klassischen Verkaufsweg verlassen, der sagt, dass das Verkaufen mit dem Nein des Kunden beginnt. Ich habe bewusst darauf verzichtet, ihm nun ungefragt aufzuzählen, was ich alles kann und wie gut ich bin. Doch ich habe ihm erneut die Möglichkeit gegeben, Ja oder Nein zu sagen und damit seine Autonomie respektiert (siehe auch 11.3 «Argumente anbieten»).

Und siehe da – er war offen und interessiert, und ich habe ihm einen kurzen Überblick verschafft.

Der Kunde meinte: «Es scheint, dass ich Ihre Unterlagen zu rasch weggeworfen habe. Ich bin Ihnen dankbar, wenn Sie mir diese noch einmal zugehen lassen könnten.»

12.3 Wie die Ein-Wort-Rückfrage-Methode uns hier zusätzlich unterstützt

Die Autonomie eines Menschen zu achten und zu respektieren, ist die Grundlage jeder harmonischen Kommunikation und Zusam-

12. Die Autonomie des Kunden

menarbeit. Dabei ist es meist nicht die offensichtliche Missachtung, sondern die Summe aller kleinen, unscheinbaren Äusserungen und Verhaltensweisen, die unserem Gegenüber ein ungutes oder aber ein gutes Gefühl vermitteln (siehe auch 5.5 «Das gute Gefühl»).

Achten Sie sich in den kommenden Gesprächen darauf, wie oft Sie unterbrochen werden oder wie oft Sie selber jemanden unterbrechen.

Die Ein-Wort-Rückfrage-Methode hilft Ihnen, wirklich aktiv zuzuhören. Will heissen, dass wenn Sie aktiv zuhören und erst dann sprechen, wenn es Zeit dafür ist, werden Sie nicht nur bessere Gespräche führen, sondern von Ihrem Kunden schneller wesentlich mehr Informationen erhalten.

Jeder Kunde fragt sich bewusst und unbewusst nach jedem Kontakt:

Was hat mir das Gespräch gebracht?	>Nutzen
Wurde ich einbezogen?	>Autonomie
Wie stark konnte ich Einfluss nehmen?	>Respekt
Wurde ich ernst genommen?	>Anerkennung
Wurde das Gespräch kundenzentriert geführt?	>Respekt
Hat sich der Berater um meine Anliegen gekümmert?	> Kundenorientierung
Wie viele echte Kunden-Nutzen wurden mir aufgezeigt?	>Nutzen
Wie stark hat der Berater Redezeit für sich beansprucht?	>Respekt
Wie viele Suggestivfragen hat er verwendet?	>Autonomie
Inwieweit konnte ich das Gespräch selber lenken?	>Autonomie
Wurde ich nach meinen Wünschen und Zielen gefragt?	>Kundenorientierung

Die Summe aller Eindrücke hinterlässt in uns ein Grundgefühl, das darüber entscheidet, wie wir den Berater wahrnehmen, wie stark wir ihm und seiner Firma vertrauen, ihn empfehlen und vieles mehr.

Die Ein-Wort-Rückfrage-Methode hilft uns in all den aufgeführten Bereichen, auf den Kunden einzugehen, seine Bemerkungen als Zugang zu seinen Bedürfnissen zu erkennen.

- Sie hilft uns, immer wieder auf die Seite des Kunden zu gelangen.

- Sie sorgt dafür, dass wir nicht im Trüben fischen, sondern die wahren Motive des Kunden erfahren.

- Sie unterstützt uns dabei, dem Kunden die ihm zustehende Zeit zu gewähren.

- Sie unterbindet erfolgreich Suggestionen.

- Sie lässt Platz für eine wahre kundenzentrierte Kommunikation.

- Sie garantiert, dass wir zu jedem Zeitpunkt eines Gesprächs die Autonomie des Kunden respektieren.

13. Erfolgsstories als Trainingseinheiten
und wie die Ein-Wort-Rückfrage-Methode uns hilft, noch sicherer und souveräner zu kommunizieren

Erfolgsgeschichten sind dazu da, erzählt zu werden. Darum finden Sie nachfolgend stellvertretend ein Feedback eines Lesers sowie einen Bericht über eines meiner Erlebnisse als Mystery-Shopper im Auftrag eines Kunden.
Ich habe aus beiden Berichten zwei Trainingseinheiten geformt, die Ihnen zeigen, wie Sie in ähnlichen Fällen agieren und reagieren können, und welche Vorteile daraus für Sie und Ihre Kunden entstehen.

13.1 Fall # 1: «Sehr anspruchsvoll» oder Herz, was willst du mehr

Markus G., ein ehemaliger Seminarbesucher und in der Zwischenzeit auch inspirierter Leser meines Buches, berichtete mir kürzlich folgende Begebenheit:

Als Immobilienmakler ist es meine Aufgabe, so rasch als möglich die Bedürfnisse meiner Klientinnen und Klienten zu erkennen und zu verstehen. Wenn mir das nicht gelingt, verliere ich nicht nur viel Zeit, sondern werde ihnen kaum ihr Wunschobjekt präsentieren können. Mit der Ein-Wort-Rückfrage-Methode habe ich ein Werkzeug kennengelernt, das es mir erlaubt, innert kürzester Zeit sehr präzise die Kundenbedürfnisse zu erfragen. Nach meinem ersten Erfolgserlebnis rund um das Wort «Preis», von dem ich Ihnen ja schon zuvor berichtet hatte, hat mir vergangene Woche die Ein-Wort-Rückfrage-Methode erneut zu einem tollen Erfolg verholfen. Ich traf mich mit einer Klientin, die eine Attika-Eigentumswohnung suchte. Bei un-

serem Erstgespräch bemerkte sie resolut: «*Sie müssen wissen, dass ich sehr anspruchsvoll bin.*»
Da ich wusste, wie wertvoll genau in diesem Moment die Ein-Wort-Rückfrage-Methode ist, habe ich natürlich umgehend mit «Anspruchsvoll?» zurückgefragt ...

⇨ **Trainings-Einheit:**
Solche und ähnliche Äusserung hören wir sehr oft in einem Kundengespräch.
Unsere Antwort in diesen Momenten geht oft in Richtung «interessant», «selbstverständlich», «natürlich», «gut zu wissen», «danke für Ihren Hinweis» oder auch «das nehme ich gerne so auf». Doch damit haben wir zwar auf den Hinweis reagiert, jedoch nicht auf den Kunden und seine dahinter verborgenen Bedürfnisse! Die Frage bleibt nach wie vor offen, was der Kunde uns damit wirklich sagen will. Nun, Kunden verwenden diese Hinweise gerne, um uns zu zeigen, dass sie ... ähm, nun, dass sie eben ähm ... ja was eigentlich? Dass sie ...

- hohe Erwartungen haben?
- auf Qualität nicht verzichten wollen?
- ein Rundum-Service-Paket erwarten?
- eine perfekte Betreuung wünschen?
- nicht zu viel Zeit verlieren wollen?
- nur Überdurchschnittliches verlangen?

Das mag ja alles zutreffen, doch viel konkreter sind auch diese Vermutungen nicht. Denn solange wir noch die Frage stellen können, was denn nun wirklich, präzise, ganz konkret damit gemeint ist, sind wir noch nicht bei den Bedürfnissen des Kunden angelangt.

13. Erfolgsstories als Trainingseinheiten

Denn: All diese oben aufgeführten Vorschläge sind reine Spekulation. Denn es sind Interpretationen, die uns unser egozentriertes Unterbewusstsein in dem Moment liefert, in dem wir sie hören. Sicher wäre es Ihnen möglich, diese Liste beliebig weiterzuführen. Doch das ist gar nicht nötig. Und auch in keiner Weise zielführend. Wir werden nie erfahren, was der Kunde wirklich darunter versteht, wenn wir ihn nicht fragen.

Und gerade in solchen Situationen haben wir uns dummerweise angeeignet, nicht zu fragen, da wir Worte wie «anspruchsvoll», «Qualität», «Erwartungen» usw. ja verstehen und eine klare Vorstellung davon haben, was der Kunde damit meint. Doch haben wir die wirklich? In den meisten Fällen entsprechen diese Vorstellungen nämlich einfach genau den unsrigen. Es sind immer *unsere* Vorstellungen, da sie von *unseren* Gedanken erzeugt wurden. Wir glauben daher nur zu wissen, was der Kunde meint. Und genau aus diesem Grund fragen wir oft erst gar nicht nach.

Markus G. jedoch fragte nach und benutzte dazu die Ein-Wort-Rückfrage-Methode.

Markus G.: «Anspruchsvoll?»
Kundin: «Ja, genau. Ich habe ganz klare Erwartungen.»

⇨ **Trainings-Einheit:**
Punkt 1: Die Kundin hat die Ein-Wort-Rückfrage-Methode als genau das wahrgenommen, was sie ist: ein Zeichen dafür, dass ihr ein kundenorientierter Berater seine volle Aufmerksamkeit schenkt, Interesse zeigt und genau wissen möchte, wie er ihre Aussage zu verstehen hat. Sie hat sich wahrgenommen, respektiert und verstanden gefühlt. Darum hat sie in keiner Weise gezögert, ihm weitere Informationen zu vermitteln.

Sie hat ihn auch nicht gefragt, was er denn so blöd frage, wie viele immer wieder befürchten.

Punkt 2: Achtung! Wenn wir jetzt erneut interpretieren, statt nachzufragen, war die erste Frage umsonst. Zwar hat sich die Kundin bereits etwas präziser ausgedrückt, indem sie uns verraten hat, was sie unter «anspruchsvoll» versteht, und damit einen ersten Hinweis auf ein mögliches Motiv (Komfort?) angedeutet – aber auch das bleibt weiter Spekulation. Und sie hat uns nach wie vor keine(n) Nutzen präsentiert.
Markus G. hat das bemerkt und daher erneut nachgefragt.

Markus G.: «Das heisst?»
Kundin: «Nun, ich will unbedingt eine Terrasse mit mindestens 30 Quadratmetern Fläche.»

⇨ **Trainings-Einheit:**
Bingo! Herz, was willst du mehr. Die Kundin präsentiert uns einen ihrer Nutzen auf dem Silbertablett. Der Rest war ein Kinderspiel. Natürlich wird ein aufmerksamer Kundenberater immer die Bedürfnisse der Kundin erfragen. Natürlich wird eine gut ausgebildete Beraterin immer die Nutzen der Kundin suchen. Doch mit welchem Aufwand? In welcher Zeit? Nach wie vielen Objekten wird ihm die Kundin verraten, was sie wirklich sucht? Mit etwas Glück hoffentlich nach der ersten Besichtigung. Besser noch, wir erfahren es gleich von Beginn weg. Und das immer.
Vielleicht ist es Ihnen ja auch schon mal so ergangen, dass Sie im Nachhinein gedacht haben, dass der Kunde Ihnen dies oder jenes auch früher hätte mitteilen können. Das hätte er bestimmt, hätten Sie ihn einfach früher gefragt.

13. Erfolgsstories als Trainingseinheiten

Immer dann also, wenn Sie Gedanken wälzen wie:
- «Das hätte er mir auch früher sagen können.»
- «Davon hat er nie gesprochen.»
- «Ich bin natürlich davon ausgegangen, dass …»
- «Wenn ich gewusst hätte, dass …»
- «Das konnte ich nicht wissen.»

Immer dann also, wenn Ihre Kunden sagen:
- «Das habe ich Ihnen doch gesagt?»
- «Ich war natürlich der Meinung, dass …»
- «Ich habe angenommen, dass …»
- «Ich dachte, das wäre an sich klar.»
- «Da müssen Sie mich falsch verstanden haben.»
- «Das meinte ich nicht so.»

Immer dann, wenn Sie mit solchen und vielen weiteren Aussagen konfrontiert werden, können Sie davon ausgehen, dass sich der Einsatz der Ein-Wort-Rückfrage-Methode gelohnt hätte.

Doch nun wissen Sie ja einmal mehr, wie Sie sicherstellen können, dass Ihnen das nie mehr passieren wird.

Zurück zu Markus G:
In diesem Beispiel ging es dem Makler nicht nur darum, für die Kundin möglichst schnell das passende Objekt zu finden, um Zeit zu sparen, sondern darum, die Kundin mit seiner aufmerksamen und kundenorientierten Art zu begeistern, was ihm perfekt gelungen war, wurde er doch kurz darauf durch die Kundin weiterempfohlen.
Ein rascher Abschluss und eine Weiterempfehlung, die gemäss Markus G. ganz klar allein durch diese zwei Fragen realisiert wurden: Das ist ein so schlechter Schnitt nicht, dennoch erlaube ich

mir – in aller Bescheidenheit – die Bemerkung, dass der Erfolg wohl kaum ausschliesslich auf diese beiden Fragen zurückzuführen ist, da er ja auch sonst ein erfolgreicher Immobilienmakler ist. Dass sie aber seine Arbeit erleichtert haben, scheint offensichtlich. Und ein schönes Beispiel dafür, dass auch erfolgreiche Verkäufer jederzeit noch erfolgreicher werden können …

13.2 «Holzboden» oder 1001 verpasste Chance

Im Rahmen einer Schulung des Verkaufsteams eines Bodenspezialisten war ich im Vorfeld als Mystery-Shopper unterwegs. Es ging darum, mir vor der geplanten Schulung einen ersten Eindruck über die Beratungsqualität des Verkäuferteams (alles Herren) zu verschaffen.

> **Das Briefing:**
> Ich soll mich als Kunde für einen neuen Holzboden im Wohnzimmer meines Hauses interessieren, das ich umzubauen plane. Dabei soll ich mich vom Verkäufer führen und beraten lassen, ihm jedoch immer nur dann zusätzliche Informationen liefern, wenn er danach fragt.

Im nachfolgenden Dialog sind alle Hinweise und Gelegenheiten für den Verkäufer, mit der Ein-Wort-Rückfrage-Methode meine Bedürfnisse zu hinterfragen, in meinen Antworten und Äusserungen *kursiv* dargestellt.
Als Einstiegsvariante nach der Begrüssung und der Frage nach meinem Anliegen wählte ich die klassische und gemäss Chef der Firma die tatsächlich am häufigsten verwendete Antwort:

Ich: «Ja, ich interessiere mich für einen *Holzboden*.»

13. Erfolgsstories als Trainingseinheiten

	Damit servierte ich ihm gleich zu Beginn die 1. und gleichzeitig auch grösste Chance …
Verkäufer:	«Aha, sehr gut, dann zeige ich Ihnen gerne ein paar Muster.» Er ging sogleich vorneweg und fragte mich, halb zu mir blickend: «Haben Sie denn schon eine Preisvorstellung?»
Ich:	«Nein, *eigentlich* nicht, ich weiss auch nicht, mit was man so rechnen muss», gab ich mich unwissend, und ihm die 2. Chance …
Verkäufer:	«Okeeey, dann schauen wir doch einfach mal.»

Der Verkäufer führte mich direkt zu den Holzbodenmustern quer durch das Ladenlokal, vorbei an vielen anderen Böden und begann sogleich, mir verschiedene Muster vorzustellen, die sich auf Schienen im Format 1x1 Quadratmeter einfach aus der imposanten Armada von Musterböden rausziehen und präsentieren liessen. Dabei sprach er durchaus fachkundig und detailliert über die Art des Holzes, die Herkunft, die Materialstärke und nannte jeweils den dazugehörigen Preis pro Quadratmeter. Nach rund fünf gezeigten Musterböden fragte er:

Verkäufer:	«Ist da schon etwas dabei, das Ihnen gefällt?»
Ich:	«Ja, auf jeden Fall. Gefallen tun mir alle bisher. Doch ich finde, dass die doch *sehr teuer* sind», liess ich als 3. Chance durchsickern …
Verkäufer:	«Alles klar. Dann lassen Sie uns schauen, ob wir etwas Preiswerteres finden.»

Wir verliessen das «Hochpreisgebiet» und stiessen zu den – zumindest aus seiner Optik – etwas preiswerteren Angeboten vor.

Auch hier zeigte er mir verschiedene Varianten, immer verbunden mit den spezifischen Angaben zu Material, Herkunft und Preis. Wir waren nun bereits gut fünfzehn Minuten unterwegs.

Verkäufer: «Und, was denken Sie? Kommen wir der Sache schon etwas näher?»

Ich: «Ja, sicher. Dennoch scheint mir der Preis auch hier *recht hoch*», offerierte ich ihm die 4. Chance zum Einstieg ...

Verkäufer: «Qualität hat halt immer seinen Preis, wissen Sie.»

Ich: «Ja, schon, aber ich sah kürzlich in einer Werbung ein Angebot für einen *Holzboden zum Selberverlegen*. Der war viel *günstiger*», lancierte ich die 5. und 6. Chance ...

Verkäufer: «Ja, möchten Sie den Boden denn selber verlegen?»

Ich: «Nein, keineswegs. Ich frage mich einfach, wie solche *Preisunterschiede* überhaupt möglich sind», schob ich Chance Nr. 7 nach ...

Verkäufer: «Das liegt natürlich oft auch am verwendeten Material», meinte er, schon etwas leicht gestresst.

Ich: *«Am Material?»* Ich konnte einfach nicht widerstehen und gab ihm so ungewollt Chance Nr. 8 ...

Verkäufer: «Ja, es gibt neben dem reinen Parkett ja auch das bekannte und wesentlich günstigere Laminat. Da sprechen wir natürlich von ganz anderen Preisen. Ja, könnte denn auch Laminat für Sie in Frage kommen?» Endlich eine kundenorientierte Frage und eine Chance, mehr über meine Bedürfnisse zu er-

	fahren! Doch er machte sie gleich wieder zunichte, indem er nachsetzte:
Verkäufer:	«Sie sagten zwar vorhin aber, dass Sie einen Holzboden suchen?»
Ich:	«Ist denn *Laminat* nicht aus *Holz?*», gab ich ihm die 9. Chance …
Verkäufer:	«Nun, der Aufbau ist ein ganz anderer …», begann er, mir die Unterschiede aufzuzeichnen, ohne jedoch nach meinem wahren Bedürfnis zu forschen. Abschliessend meinte er, als würde er nach dem letzten Strohhalm greifen, doch noch:
Verkäufer:	«Ich zeige Ihnen natürlich gerne auch ein paar Laminatböden, wenn Sie wollen.»
Ich:	«Nun, es ist schon etwas spät und ich habe noch einen Termin. Aber ich komme gerne *noch einmal vorbei*», und gab ihm – nach rund fünfundzwanzig Minuten – eine letzte, 10. Chance …
Verkäufer:	«Selbstverständlich gerne.»

Er begleitete mich bis zum Ausgang, bedankte sich für meinen Besuch und fragte sich wohl, ob er diesen Kunden noch einmal in seinem Geschäft würde begrüssen können/dürfen/müssen oder nicht. Die Antwort liegt auf der Hand.

13.3 Lust auf eine Analyse?

Gefühlte 1001 Chance wurde vertan, mich als Kunde zu gewinnen. Soweit die Kurzanalyse. Im anschliessenden Verkaufstraining spielten wir die Szene nach und diskutierten, wann und wie wir mit der Ein-Wort-Rückfrage-Methode die Kundenbedürfnisse des Kunden hätten erfragen können. Im Detail präsentiert sich ein möglicher Weg wie folgt:

Chance #1: «Ja, ich interessiere mich für einen *Holzboden*.»

Ist ja wohl logisch. Oder nicht? Einem Holzbodenspezialisten in einem Holzbodenspezialgeschäft zu sagen, dass ich mich für einen Holzboden interessiere, ist etwa gleich knackig und aussagekräftig wie der Werbeslogan des Coiffeurs in meinem Quartier, in dem ich aufgewachsen bin (siehe Seite 151): «Unsere Stärke ist der Haarschnitt». Im Grunde genommen eine waschechte Nullaussage. Genau wie meine. Dennoch, oder auch gerade deshalb, enthält sie ein enormes Potenzial, da ich mich als Kunde im Flugzeug-Modus ausgedrückt habe (siehe Seite 118). Ich habe zwar Holzboden gesagt, aber – wie wir inzwischen wissen – etwas anderes gemeint …

Um die Chancen und Fehler des Verkäufers noch besser sichtbar zu machen, hier nochmals mein wahres Anliegen, wie im Briefing mit dem Besitzer definiert:

> **Das Briefing:**
> «Ich suche für mein Haus, das ich umbaue, einen Holzboden im Wohn-Ess-Bereich. Dieser muss nicht zwingend aus Holz sein. Mir und meiner Frau sind Optik und Pflege wichtig. Es kann also durchaus ein Laminatboden sein, der sich aber in seiner Haptik wie ein Boden aus Landhausdielen anfühlen soll.»

Natürlich hätte ich genau das so formulieren können. Doch weiss ich aus eigener Erfahrung, die Sie wahrscheinlich mit mir teilen werden, dass die wenigsten Kunden sich von Beginn weg so präzise ausdrücken, respektive ausdrücken können. Ausnahmen bestätigen auch hier die Regel. Dennoch: Hätte mich der Verkäufer hier gefragt, was ich genau unter Holzboden verstehe, hätte ich es genauer formuliert oder zumindest erste Informationen zu meiner «wahren» Absicht durchsickern lassen. Doch es waren einer oder mehrere der folgenden vier Gründe, die dafür gesorgt haben, dass er – stellvertretend für so viele VerkäuferInnen in so vielen Situationen – nicht gefragt hat:

1. Grund: Die «Déformation professionnelle»
oder «Ich weiss ja, was er will.»
Diese immer wieder einschränkende Haltung/Meinung gerade auch erfahrener VerkäuferInnen sorgte auch bei diesem Verkäufer zum klassischen Tunnelblick und zur Annahme, er wisse haargenau, was ich suche, wenn ich «Holzboden» sage. Solche VerkäuferInnen rechtfertigen sich hier gerne in der Art, dass sie ja schliesslich aus Erfahrung wüssten, was der Kunde braucht, wenn er dies oder jenes sagt. Und das wiederum stimmt leider nur bedingt, da nicht jeder Kunde hinter dem gleichen Begriff das gleiche Bild hinterlegt hat und sich daher in identischer Art ausdrückt. Ein Kunde versteht unter «modern», «einfach», «schnell», «zuverlässig» u. a. m. etwas komplett Anderes als ein anderer Kunde. Zudem wird er den einen oder anderen Aspekt verschieden gewichten und entsprechend verbal hervorheben oder zurückhalten. Und so verhält es sich mit allen Ausdrücken, Verben und Adjektiven, die wir verwenden, um unsere Bedürfnisse und Erwartungen zu umschreiben.

Mein Tipp:
 Verfallen Sie nicht dem Irrglauben, Sie wüssten genau, was der Kunde will, wenn er dies oder jenes sagt, sondern fragen Sie nach. Das hilft und entspannt enorm.

2. Grund: Die egozentrierte Interpretation
oder «Es ist ja alles klar.»

Diese Haltung ähnelt zwar in ihrer Wirkung der Déformation professionnelle, hat aber einen anderen Ursprung. Hier geht es nicht um ein Wissen, das ich aus einer Erfahrung heraus zu gewinnen glaube, sondern um das Bild, das mir mein Unterbewusstsein vermittelt, in dem Moment, in dem ich den Begriff höre und ich es versäume, diese Wahrnehmung zu hinterfragen. Wie unter Punkt 8.2 gesehen, verlassen wir uns allzu schnell auf diese Bilder, was zu einer egozentrierten Wahrnehmung führt. Und unter Punkt 7.1 haben wir erkannt, dass es sich durchaus lohnen kann, unsere Wahrnehmung zu hinterfragen. Denn wenn wir das nicht tun, wird diese automatisch zu unserer Wahrheit – denken Sie nur an die gelbe Zitrone.

Mein Tipp:

 Verlassen Sie sich nicht auf Ihre erste Wahrnehmung, sondern klären Sie das Bild.

3. Grund: Zweifel an der Methode
oder «Es kann doch nicht so einfach sein?»

So gut ich diese Zweifel und die daraus resultierende Frage verstehe, so genau weiss ich aus eigener Erfahrung und aus den Berichten unzähliger Menschen, die die Ein-Wort-Rückfrage-Methode beruflich und privat anwenden, dass sie hervorragend funktioniert.

Und gerade weil sie so einfach und einwandfrei anzuwenden ist, haben viele einen Vorbehalt getreu dem Motto: «Wenn es so einfach ist, kann es nicht so genial sein» oder mit der Meinung: «Da muss es doch irgendwo einen Haken haben ...»

Meine Antwort darauf ist lapidar. Die überwiegende Mehrheit

jener, die die Ein-Wort-Rückfrage-Methode angewandt haben, ist schlichtweg begeistert. Jene, die zweifeln, haben es noch nicht ausprobiert. Ich weiss, dass das gerade etwas überheblich klingen mag. Doch es ist, wie es ist. Sie werden es selber erleben.

Mein Tipp:

 Auch wenn es auf den ersten Blick nicht so scheint: Die Anwendung ist einfach, also machen Sie es einfach.

**4. Grund: Die Angst vor dem eigenen Mut
oder «So kann ich doch nicht fragen?»**

Viele Feedbacks seitens meiner Seminarteilnehmenden und auch erste Leserfeedbacks zeigen, dass praktisch alle von der Ein-Wort-Rückfrage-Methode fasziniert sind. Dennoch scheint oft der Mut zu fehlen, sie auch konsequent anzuwenden. Mit konsequent meine ich natürlich nicht, sie mehrfach hintereinander zu verwenden, sondern immer und immer wieder bei den verschiedensten Gelegenheiten. Und davon gibt es täglich hunderte.

Lesen Sie dazu auch [> 13.4 – Die perfekten Übungsfelder]

Es ist, als hätten viele Angst, die Ein-Wort-Rückfrage-Methode anzuwenden, weil sie befürchten, dass sie von ihren Kunden nicht ernst genommen würden. Doch diese Angst ist unbegründet. Trotz meiner Aufforderung, mir unbedingt mitzuteilen, sollte sich ein Kunde je in Richtung «Was fragen Sie so blöd?» äussern, hat sich in all den Jahren, in denen ich die Ein-Wort-Rückfrage-Methode vermittle, noch niemand gemeldet.

Nicht nur ist die Wahrscheinlichkeit, dass sich ein Kunde Ihnen gegenüber so äussert, verschwindend klein, sondern das Gegenteil ist der Fall: Der Kunde wird angenehm überrascht sein und Ihnen auf der Stelle weitere, präzisere Informationen zu seinem Motiv und seinen Nutzen vermitteln.

Mein Tipp:

 Wenn Sie es nicht versuchen, werden Sie es nie erleben, also trauen Sie sich.

Hätte mich der Verkäufer also hier schon gefragt, hätte er wertvolle Informationen erhalten, die ihm eine Menge Zeit und Aufwand erspart hätten. Und mir als Kunde hätte es den Gang durch die vielen Holzbodenarten und Erklärungen erspart, die für mich – zumindest in diesem Moment – in keiner Weise von Nutzen waren.

Mit etwas Geschick oder gar einer weiteren Nachfrage hätte er sogar erfahren, dass es nicht zwingend ein Holzboden sein muss, sondern dass mir vor allem die Haptik wichtig ist.

Chance #2: «Nein, *eigentlich* nicht, ich weiss auch nicht, mit was man so rechnen muss.»

Verwendet ein Kunde oder Ihr Partner einen verbalen Weichmacher (siehe Seite 166) wie in diesem Beispiel den Ausdruck *eigentlich*, dann sollten wir zwingend nachfragen. Es gibt ein bestimmtes Motiv, das ihn dazu verleitet hat, genau dieses Wort zu verwenden, auch wenn er es unbewusst getan hat. Wenn Sie nachfragen, erfahren Sie unweigerlich sein Motiv.

Hätte mich der Verkäufer gefragt, warum ich gerade diesen Weichmacher verwendet habe, indem er einfach nur «Eigentlich?» fragt, hätte ich weitere Informationen rund um meine Preisvorstellungen oder andere Motive durchsickern lassen.

Chance #3: «... Doch ich finde, dass die doch *sehr teuer* sind.»

Was für eine Gelegenheit! Den Kunden zu fragen, was er denn genau unter sehr teuer oder auch genug, zu viel, teuer, sportlich, hoch, exklusiv, übertrieben usw. versteht, ist ein absolutes Muss. Bevor wir auch nur den Hauch einer Interpretation zulassen, ist es ratsam, einfach den Kunden zum Weitersprechen zu animieren. Er wird uns sehr präzise die Gründe nennen, warum er gerade diesen Terminus gewählt hat.
Jeder Gebrauch von Adjektiven stellt eine ausgezeichnete Möglichkeit dar, die Motive des Kunden/Partners zu erfahren. Und es schützt uns davor, anhand unserer eigenen Skala und Wertvorstellung ein Vor-Urteil über die Meinung des Kunden/Partners zu fällen.

Hätte der Verkäufer nachgefragt, hätte er erkannt, dass ich sehr wohl eine Preisvorstellung habe, die sich jedoch nicht primär auf die Holzböden bezieht, sondern auf unser Budget. Im ersten Fall ist es sehr wahrscheinlich, dass der Verkäufer meine Äusserung «sehr teuer» auf die Beurteilung des Preis-Leistungs-Verhältnisses seiner Produkte beziehen/reduzieren wird und diese daher sogar als eine Art Kritik interpretiert. Im zweiten Fall jedoch könnte er durch Nachfragen erkennen, dass es mir nur um das absolute Budget geht, das ich zur Verfügung habe, somit eine reine Feststellung ist, aber sicher keine Kritik.

Chance #4: «Ja, sicher. Dennoch scheint mir der Preis auch hier *recht hoch*.»

Gleiche Ausgangslage wie bei der dritten Chance und gleiche Begründung.

Chance #5: «Ja, schon, aber ich sah kürzlich in einer Werbung ein Angebot für einen *Holzboden zum Selberverlegen*.»

und

Chance #6: «Der war *viel günstiger*.»

Jetzt wird es interessant. Hier erhält der Verkäufer zwei Chancen zur Auswahl. Je nach dem, wie seine Interpretation läuft, wird er dem einen oder andere Impuls nachgeben. Er wählte den ersten Hinweis, der zeigt, dass ihm bereits der Gedanke daran, ich könnte den Boden selber verlegen wollen, ganz klar ein Dorn im Auge war, was auch seine Überraschung zeigte.

Zwar hat er mich hier tatsächlich gefragt, doch die Frage und die Antwort hatten keine weiteren Konsequenzen. Mein Nein hatte ihn soweit beruhigt, dass er wieder in den egozentrierten Verkaufsmodus verfiel. Hätte er konsequenter erforscht, was ich mit *Selberverlegen* wirklich meine, dann hätte er erfahren, dass ich in diesem Moment im Flugzeug-Modus (Siehe Punkt 6.4) gesprochen habe. Böden zum Selberverlegen war für mich Synonym zu Laminatböden. Eine Verwechslung, die dem Laien durchaus passieren kann.

Chance #7: «Nein, keineswegs. Ich frage mich einfach, wie solche *Preisunterschiede* überhaupt möglich sind.»

Eine weitere Gelegenheit vertan, endlich zu erfahren, was ich denn wirklich mit dem Preisunterschied meine.
Hätte er nachgefragt, hätte ich ihm gesagt, dass es doch auch noch Laminatböden gäbe. Das wäre dann der ultimative Hinweis gewesen, der ihm gezeigt hätte, was ich wirklich suche.

Chance # 8: «*Am Material?*»

Wie gesagt: Ich konnte einfach nicht widerstehen. Vielleicht waren es auch meine Gewohnheiten, die mich da eingeholt hatten. Wie dem auch sei – es schien, als spränge er endlich auf den Zug auf, der an sich schon längst abgefahren war.
Tatsächlich fragte er mich, ob auch Laminat als Möglichkeit in Frage kommen könnte. Endlich! Hier hätte ich ihm alles gesagt, was ich brauche und suche: einen schönen Boden in Holzoptik, bezahlbar und anderes mehr. Doch auch diesen Weg machte er gleich selber wieder zunichte, indem er die Frage nachschob, ich hätte doch einen Holzboden gewünscht.

Diese Bemerkung zeigt überdeutlich, wie schwer er sich mit diesem Gedanken tat und dass er sein bisheriges Verhalten zu rechtfertigen versuchte. Aus seiner Frage lässt sich zudem interpretieren, dass er mir als Kunden den Vorwurf macht, ich wüsste nicht, was ich wolle oder hätte plötzlich meine Meinung geändert. Eine gefährliche Gratwanderung, die rasch ein unvorteilhaftes Ende (Kundenabwanderung) zur Folge haben kann. Nun: Knapp daneben ist auch vorbei.

Chance # 9: «Ist denn *Laminat* nicht aus *Holz*?»

Dass er mir den Unterschied zwischen Holz und Laminat erklärte, zeigt, wie stark ihn die Idee Holz in seinen Gedanken und in seiner Beratung nach wie vor blockierte. Die Erklärung war ja gut gemeint, aber für mich als Kunde in dem Moment nicht relevant. Viel effektiver wäre gewesen, er hätte nach meinem Motiv gefragt. Also nach dem Grund, warum ich überhaupt Laminat thematisierte.
Dann, es schien mir beinahe resignierend, zeigt er sich bereit, mir auch ein paar Laminat-Erzeugnisse zu präsentieren. Und es hätte sich ein ganz neues Gespräch ergeben.

Chance #10: «… Aber ich komme gerne *noch einmal vorbei*.»

Wären nicht schon fünfundzwanzig Minuten ins Land gestrichen, wäre ich noch etwas geblieben. Doch auch die 10. und letzte Chance liess er ungenutzt verstreichen, hatte er es doch auch hier versäumt,
- mir Unterlagen anzubieten
- mir einen Termin vorzuschlagen
- einen Besuch bei mir zu Hause anzubieten
- mir ein oder zwei Muster mitzugeben
- mich einzuladen, zum nächsten Termin gemeinsam mit meiner Frau zu erscheinen
- u. a. m.

Im anschliessenden Training ein paar Wochen später hatten wir Gelegenheit, die gleiche Situation nachzuspielen. Diesmal mit zwei Mitarbeitenden unter Anwendung der vorab neu gelernten

13. Erfolgsstories als Trainingseinheiten

Ein-Wort-Rückfrage-Methode. Natürlich gab es auch hier und da noch den einen oder anderen Stolperstein, doch alles in allem lief das Gespräch flüssig, kundenorientiert, effektiv und dauerte gerade mal rund fünfzehn Minuten.

Und der Kunde – soweit die Meinung der beobachtenden Verkäufer – hatte genau das erhalten, was er gesucht hat: eine rundum kundenzentrierte Beratung, eine tolle Lösung und ein gutes Gefühl!

Ganz in diesem Sinne:

Machen Sie es *einfach* und *machen* Sie es einfach!

14 Nutzen, Nutzen, Nutzen

Wenn es darum geht, sich für die eine oder andere Lösung zu entscheiden, oder wenn wir Bilanz ziehen, wie wertvoll und nutzenreich eine Dienstleistung, ein Gespräch oder eine Beratung war, dann haben wir alle nur eine Frage im Kopf: «Was habe ich davon?» Mit diesem Buch verhält es sich genau gleich.

Darum sind für Sie nachfolgend die wesentlichsten Nutzen zusammengetragen, die Ihnen die Anwendung der Ein-Wort-Rückfrage-Methode offeriert. Ebenso die zu erwartenden Auswirkungen auf das Verhalten des Kunden. Und das unmittelbar, mittel- und langfristig.

14.1 Ihre Nutzen in der Geschäftswelt

Diese Vorteile und Nutzen generieren Sie zugunsten Ihres Kunden:

#1 Ihr Kunde erhält den Respekt, den er erwartet und muss ihn sich nicht mühsam erstreiten.

#2 Ihr Kunde fühlt sich in seiner Autonomie ernst genommen und muss sich nicht ständig verbal behaupten.

#3 Ihr Kunde erfährt Verständnis für sein Anliegen und muss nicht darum kämpfen.

#4 Ihr Kunde erfährt die Empathie, die ihm zusteht und muss nicht darum bitten.

#5 Ihr Kunde erhält jene Aufmerksamkeit, die er erwartet
und muss sie nicht erzwingen.

#6 Ihr Kunde erfährt das Interesse, das er verdient
und muss nicht darum betteln.

#7 Ihr Kunde erhält Nutzen, die er sucht
und muss nicht vergeblich darauf warten.

#8 Ihr Kunde entwickelt ein gutes Gefühl, das er braucht
und muss sich nicht alles selber zurechtlegen.

Diese Verhaltensänderungen des Kunden dürfen Sie erwarten:

- ✓ Ihr Kunde bringt Ihnen mehr Respekt entgegen.
- ✓ Ihr Kunde hört Ihnen besser zu.
- ✓ Ihr Kunde nimmt Ihre Anliegen besser auf.
- ✓ Ihr Kunde schenkt Ihnen mehr Aufmerksamkeit.
- ✓ Ihr Kunde ist offener für Ihre Argumente.
- ✓ Ihr Kunde erzählt Ihnen von seinen Bedürfnissen.
- ✓ Ihr Kunde zeigt Ihnen, welche Nutzen er braucht.
- ✓ Ihr Kunde vertraut Ihnen mehr.
- ✓ Ihr Kunde ist kompromissbereiter.
- ✓ Ihr Kunde glaubt Ihnen mehr.
- ✓ Ihr Kunde wird besser über Ihre Firma sprechen.
- ✓ Ihr Kunde wird Ihnen mehr Aufträge zuhalten.
- ✓ Ihr Kunde wird Sie gegenüber der Konkurrenz bevorzugen.
- ✓ Ihr Kunde wird bei künftigen Fehlern grosszügiger reagieren.

Diese Nutzen generieren Sie für sich selbst:

 Sie verschaffen sich die Ruhe, die Sie brauchen, und können sich besser auf den Kunden konzentrieren.

 Sie bleiben gelassen und können das Gespräch besser führen.

 Sie fühlen sich sicher und können dem Kunden mehr Aufmerksamkeit schenken.

 Sie können Ihre Kompetenzen aktivieren und dadurch fundierte Inputs liefern.

 Sie sind ausgeglichener und können verständnisvoll auf den Kunden eingehen.

 Sie behalten die Selbstkontrolle und vermeiden so jede Art von Konflikt.

 Sie nehmen Äusserungen nicht mehr so persönlich und können sich besser auf den Inhalt fokussieren.

Diese Wirkung erzielen Sie auf Ihren Kunden:

- ⇨ Sie wirken ausgeglichen und ruhig.
- ⇨ Sie wirken souverän und verbindlich.
- ⇨ Sie wirken kompetent und erfahren.
- ⇨ Sie wirken verständnisvoll und empathisch.
- ⇨ Sie wirken sympathisch und positiv.
- ⇨ Sie wirken zuverlässig und vertrauenswürdig.

14. Nutzen, Nutzen, Nutzen

⇨ Sie wirken überzeugend und glaubwürdig.
⇨ Sie wirken stimmig und authentisch.
⇨ Sie wirken verbindlich und verlässlich.

Weitere wertvolle Nutzen, die Sie generieren:

✚ Sie verkürzen ganz generell den Gesprächsverlauf
und sparen dadurch Zeit und Energie.

✚ Sie wissen viel schneller, um was es wirklich geht
und gelangen dadurch schneller zum Kern der Sache.

✚ Sie erkennen mögliche Missverständnisse
und können sie umgehend korrigieren.

✚ Sie schaffen Klarheit
und vermeiden künftige Missverständnisse.

✚ Sie sorgen für Transparenz
und ermöglichen einen offenen Dialog.

✚ Sie sind offener für Kundenargumente
und schaffen eine gute Basis für künftige Gespräche.

✚ Sie erkennen, was zu tun ist
und können kompetenter Massnahmen auslösen.

✚ Sie stärken den Goodwill des Kunden
und sorgen für eine verstärkte Kundenbindung.

14.2 Vorteile und Nutzen in der Beziehung

In einer Beziehung fliessen Ursache und Wirkung oft recht komplex ineinander. Zudem können sich Verhaltensweisen auf verschiedenste Arten auswirken. Daher verzichte ich hier auf eine zu strukturierte Gliederung, sondern halte die von meinen Seminarteilnehmenden am häufigsten rapportierten Nutzen fest.

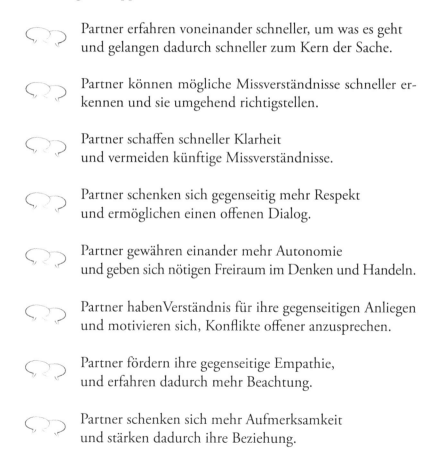

Partner erfahren voneinander schneller, um was es geht und gelangen dadurch schneller zum Kern der Sache.

Partner können mögliche Missverständnisse schneller erkennen und sie umgehend richtigstellen.

Partner schaffen schneller Klarheit und vermeiden künftige Missverständnisse.

Partner schenken sich gegenseitig mehr Respekt und ermöglichen einen offenen Dialog.

Partner gewähren einander mehr Autonomie und geben sich nötigen Freiraum im Denken und Handeln.

Partner haben Verständnis für ihre gegenseitigen Anliegen und motivieren sich, Konflikte offener anzusprechen.

Partner fördern ihre gegenseitige Empathie, und erfahren dadurch mehr Beachtung.

Partner schenken sich mehr Aufmerksamkeit und stärken dadurch ihre Beziehung.

14. Nutzen, Nutzen, Nutzen

💬 Partner gehen entspannter mit Spannungen um und reduzieren dadurch neue Konflikte.

💬 Partner können gegenseitige Ansichten besser nachvollziehen und sorgen für mehr Harmonie in der Partnerschaft.

💬 Partner gehen künftig Probleme schneller an und arbeiten miteinander statt gegeneinander.

💬 Partner öffnen sich eher für die Bedürfnisse des anderen und erfahren mehr Verständnis.

💬 Partner sind bereit, den Argumenten des anderen zu folgen, und schaffen eine gute Basis für künftige Gespräche.

💬 Partner erkennen einfacher die gegenseitigen Bedürfnisse.

Ich wünsche Ihnen bei der Umsetzung und Anwendung der Ein-Wort-Rückfrage-Methode bestes Gelingen und viele harmonische und fruchtbare Gespräche!

Herzlich

Bernhard Grimmer

15 Literaturverzeichnis

Bandler R. / Grinder J., Neue Wege der Kurzzeit-Therapie, 1981, Junfermann.
Birkenbihl Vera F., Das innere Archiv, 2013, mvg.
Birkenbihl Vera F., Fragetechnik … schnell trainiert, 2013, mvg.
Birkenbihl Vera F., Kommunikationstraining, 1992, mvg.
Bittner G. / Schwarz E., Emotion Selling 2010, Gabler.
Bredemeier K., Schwarze Rhetorik, 2005, Goldmann.
Cameron-Bandler L., Wieder zusammenfinden, 1987, Junfermann.
Csikszentmihalyi M., Flow im Beruf, 2004, Klett-Cotta.
Daco P., Psychologie für jedermann, 1976, AT Verlag.
Detroy E.-N. / Scheelen F., Jeder Kunde hat seinen Preis, 2008, Walhalla.
Ekman P., Ich weiss, dass du lügst, 2011, rororo.
Förster A. / Kreuz P., Different thinking, 2005, Econ.
Förster A. / Kreuz P., Alles, ausser gewöhnlich, 2007, Econ.
Goleman D., Emotionale Intelligenz, 1996, Carl Hanser.
Grimm B., Der Ideen-Baum, 2012, blg Verlag.
Grimm B., In dubio Prosecco, 2018 Werd & Weber Verlag.
Gigerenzer G., Bauchentscheidungen, 2007, C. Bertelsmann Verlag.
Harris Th., Ich bin o.k. du bist o.k., 1979, rororo.
Häusel H.G., BrainScript, 2004, Haufe.
Häusel H.G., Think Limbic!, 2007, Haufe.
Joseph A., Kaufverhandlungen gezielter führen, 1978, mi.
Jung C.G., Wirklichkeit der Seele, 1990, dtv.
Kirschner J., Manipulieren - aber richtig, 1974, Knaur.
Küstenmacher W. / Seiwert L., Simplify your life, 2002, Campus.
Leu L., Gewaltfreie Kommunikation, 2003, Junfermann.
Lundin / Paul / Christensen, Fish!, 2003, Goldmann.
Peter & Hull, Das Peter-Prinzip, 1986, rororo.

Petzold H., Wege zum Menschen, 1984, Junfermann.
Pickel G.W., Taschenbuch der Psychologie, 1966, Humboldt.
Rosenberg Marshall B., Gewaltfreie Kommunikation, 2004, Junfermann.
Scheitlin V., Kommunikation, die Brücke zum anderen, 1987, fachmed.
Schulz von Thun F., Miteinander reden, 1991, rororo.
Shapiro S., Erfolgreiches Zuhören, 2005, mlm.
Sprenger R., Vertrauen führt, 2007, Campus.
Steiner C., Emotionale Kompetenz, 1997, Carl Hanser.
Walther G., Sag, was du meinst, und du bekommst, was du willst, 1992, Econ.
Watzlawick P., Menschliche Kommunikation, 2016, Hogrefe.
Watzlawick P., Anleitung zum unglücklich sein, 1988, Serie Piper.
Watzlawick P., Wie wirklich ist die Wirklichkeit?, 2005, Serie Piper.
Zanetti D., Kundenverblüffung, 2005, Redline.